T0197066

essentials

essentials liefern aktuelles Wissen in konzentrierter Form. Die Essenz dessen, worauf es als „State-of-the-Art" in der gegenwärtigen Fachdiskussion oder in der Praxis ankommt. *essentials* informieren schnell, unkompliziert und verständlich

- als Einführung in ein aktuelles Thema aus Ihrem Fachgebiet
- als Einstieg in ein für Sie noch unbekanntes Themenfeld
- als Einblick, um zum Thema mitreden zu können

Die Bücher in elektronischer und gedruckter Form bringen das Fachwissen von Springerautor*innen kompakt zur Darstellung. Sie sind besonders für die Nutzung als eBook auf Tablet-PCs, eBook-Readern und Smartphones geeignet. *essentials* sind Wissensbausteine aus den Wirtschafts-, Sozial- und Geisteswissenschaften, aus Technik und Naturwissenschaften sowie aus Medizin, Psychologie und Gesundheitsberufen. Von renommierten Autor*innen aller Springer-Verlagsmarken.

Quirin Graf Adelmann v. A. ·
Stefan König

Das neue Büro nach Covid-19

Immobilien, Homeoffice und
Metaverse als neue Realität

Quirin Graf Adelmann v. A.
Berlin, Deutschland

Stefan König
Ingolstadt, Deutschland

ISSN 2197-6708   ISSN 2197-6716   (electronic)
essentials
ISBN 978-3-658-37786-1   ISBN 978-3-658-37787-8   (eBook)
https://doi.org/10.1007/978-3-658-37787-8

Die Deutsche Nationalbibliothek verzeichnet diese Publikation in der Deutschen Nationalbibliografie; detaillierte bibliografische Daten sind im Internet über http://dnb.d-nb.de abrufbar.

Planung/Lektorat: Ulrike Lörcher
Springer Gabler ist ein Imprint der eingetragenen Gesellschaft Springer Fachmedien Wiesbaden GmbH und ist ein Teil von Springer Nature.
Die Anschrift der Gesellschaft ist: Abraham-Lincoln-Str. 46, 65189 Wiesbaden, Germany

Was Sie in diesem *essential* finden können

- die Berechnung des wirtschaftlichen Werts eines Büroraums
- was sich in den letzten zwei Jahren durch Covid-19 verändert hat
- welche alternative Arbeitsorte zur Raumnutzung bestehen
- der Zuschnitt von Raum auf die (An-)Forderungen der Nutzer
- wie Büroraum in der Zukunft aussehen wird

Vorwort

Der Alltag in deutschen Büros hat sich wie überall sonst in der Welt verändert. Unsere Vorstellung erinnerte bisher an „Stromberg", den klassischen Mitarbeiter, der gegen 8:30 Uhr das Büro betritt und es um 17 Uhr wieder verlässt. Die Arbeitsplatznutzung hat sich jedoch nicht schleichend, beispielsweise durch einen Generationenwechsel, sondern aufgrund der Corona-Pandemie schlagartig gewandelt. Schleichend hatten schon gesetzliche Bedingungen das klassische Arbeitsmodell aufgeweicht, wozu auch die zahlreichen Regelungen der Arbeitsschutzverordnungen, z. B. die Festlegung der Lux-Stärke im Raum oder der geforderte Abstand zwischen Schreibtisch und Laserdrucker, zählen. Solche Regelungen sollen den klassischen Arbeitnehmer schützen. Nun ändern sich allerdings die Bedingungen des weiteren Arbeitsfeldes insgesamt.

Der Arbeitgeber muss ab einer bestimmten Anzahl von Beschäftigten Schwerbehinderte bevorzugt einstellen und in Berlin schreibt beispielsweise die Frauenförderverordnung seit 2011 vor, dass Frauen bei der Bewerbung um einen Ausbildungsplatz zu bevorzugen sind. In der Gesellschaft wird schief angeschaut, wer sich nicht genderkonform an neue Normen hält. Ein Antidiskriminierungsgesetz schreibt genau vor, wie Bewerber anzuwerben und auszuwählen sind. Der Staat versucht das Arbeitgeberverhalten zu regulieren und zu kontrollieren, aber im Wettbewerb um knappwerdende Ressourcen kehrt sich die Hierarchie plötzlich um. Sie wird zu einer Gesamthands-Aufsicht der Arbeitnehmerschaft. Zusammen mit der Öffentlichkeit (die die Kundschaft einschließt) unterliegt der Arbeitgeber politischen Sanktionen und dem Erziehungszwang via Social Media, während sich gleichzeitig die Betriebszugehörigkeit halbiert hat. Rechnete man bei den Jahrgängen zwischen 1950 und 1970 noch mit 4,5 Arbeitgeberwechseln im Leben, sind heutige Berufseinsteiger mit dem 6- bis 8-fachen Wechsel konfrontiert [1].

Der Arbeitsplatz wird also von Raum- und Berufsausübungsvorschriften, berufsgenossenschaftlichen Ausstattungszwängen, den Auswahlrichtlinien der Arbeitnehmerschaft, der sozialen Kontrolle sowie durch die Arbeitnehmer selbst (die persönlich die freie Wahl ihres Arbeitsplatzes behalten haben) beeinflusst. Wie wird in dieser Gemengelage von sozialen Vektoren der Arbeitsplatz der Zukunft aussehen? Wie werden die deutschen Arbeitergeber – vielleicht wird sogar der nach Großzügigkeit klingende Begriff des Gebens von Arbeit geändert – den künftigen Wettbewerb des globalen Lebens durchstehen? Bedarf es in Zukunft überhaupt eines Offline-Büros? Nachfolgend hierzu die ersten Perspektiven und eine Einschätzung.

Quirin Graf Adelmann v. A.

Stefan König

Literatur

1. Schneider N F, Ruckdeschel K, Limmer R (2002) Berufsmobilität und Lebensform. Sind berufliche Mobilitätserfordernisse in Zeiten der Globalisierung noch mit Familie vereinbar? Kohlhammer, Stuttgart, S. 11 & 21

Inhaltsverzeichnis

Geschichte des Arbeitsplatzes

Bevor wir uns mit der Zukunft von Büro und Arbeit beschäftigen, lohnt ein Blick zurück. In der Antike war der Begriff der Arbeit ausschließlich mit körperlicher Arbeit verbunden. Im krassen Widerspruch zu heute spielte Arbeit für den Status eines Menschen in der Gesellschaft keine Rolle. Im Gegenteil: Wer arbeiten musste, um den Lebensunterhalt zu verdienen, dem blieb ein höherer gesellschaftlicher Rang verwehrt. Die geistige Arbeit der Philosophen und Politiker galt dagegen als Privileg. In der Spätantike erledigten Mönche in Klöstern ihre Aufgaben in Schreibstuben [1]. Das gilt als Beginn des Büroarbeitsplatzes. Erst mit dem Aufkommen des Bürgertums im Mittelalter wandelte sich auch der Blick auf die Arbeit. Demzufolge kam auch dem Arbeitsplatz eine größere Bedeutung zu [2].

Laut dem kanadischen Architekten Witold Rybczynski änderte sich dies im 17. Jahrhundert, als Anwälte, Beamte und andere schreibende Berufe begannen, Büros vor allem in Städten wie Amsterdam, London oder Paris zu unterhalten. Plötzlich stand die Funktionalität von Gebäuden und Räumen im Mittelpunkt. Im Gegensatz dazu wurde das Zuhause ein Ort der Privatsphäre und des Komforts. Sir Charles Trevelyan, Sekretär im britischen Finanzministerium zwischen 1840 und 1850, schrieb dazu: „Für die geistige Arbeit sind getrennte Räume notwendig, damit eine Person, die mit dem Kopf arbeitet, nicht unterbrochen wird." [3]

Der Wandel der Arbeit zog also auch einen Wandel des Arbeitsplatzes nach sich. Rund 100 Jahre nach Trevelyan hielt ein neuer Trend Einzug: das Großraumbüro. Die Vorteile lagen auf der Hand. Der Vorarbeiter bzw. Vorgesetzte hatte das Personal in Gänze im Blick und konnte schnell Anweisungen geben. Die Kommunikationswege wurden kürzer und das Gemeinschaftsgefühl gestärkt. Erst später mehrten sich kritische Stimmen, die vor allem Geräuschpegel, Privatsphäre und indirekten Druck (Wer traut sich als erster Feierabend zu machen und das Büro zu verlassen?) geltend machten. 1964 wurden sogenannte Cubicles

Q. Graf Adelmann v. A. und S. König, *Das neue Büro nach Covid-19*, essentials, https://doi.org/10.1007/978-3-658-37787-8_1

eingeführt. Diese Bürokabinen, die Arbeitsplätze durch etwa 1,80 m hohe Wände trennten, hielten alsdann in den 70er Jahren Einzug in Deutschland. Ungeachtet des Trends zum gemeinschaftlichen Arbeitsraum wuchs die gesellschaftliche Bedeutung des Einzelbüros. Wer es geschafft hatte, in einem eigenen Zimmer zu arbeiten, durfte sich auch über gesteigerte Anerkennung freuen. Auch heute noch machen einige Manager ihre Position im Unternehmen an der Zahl ihrer Fenster im Büro fest. So munkelt es man zumindest auf den Gängen eines deutschen Automobilherstellers. Die 1980er Jahre und der Einzug von Computern führten noch nicht zu einem Gegentrend bei Büros. Schreibmaschinen waren seinerzeit ebenso schwer wie die ersten Laptops (rund 12 kg) und lieferten sofort bedrucktes Papier (auch mit Durchschlägen).

Erst zur Jahrtausendwende machten Laptop und Smartphone das Arbeiten auch außerhalb des Büros möglich. Allerdings dauerte es bis zur Corona-Pandemie und bedurfte eindringlicher Appelle der Politik, ehe sich das Arbeiten von zuhause etablierte. Spätestens seit diesem Zeitpunkt steht auch der Arbeitsplatz wieder vor einem Wandel. Desksharing, also das Teilen eines Arbeitsplatzes mit Kollegen*innen, hat längst in viele Unternehmen Einzug gehalten. Und auch das Einzelbüro verliert zunehmend an Bedeutung. Die agile Arbeitsorganisation kommt ohne Hierarchien aus und verteilt die Verantwortung auf alle Angestellte. Der Geschäftsführer oder Abteilungsleiter steht auf einer Stufe mit den Kollegen*innen. Flexibilität und Effektivität steigen, wenn starre Verhaltensweisen und räumliche Vorgaben aufgebrochen werden.

Literatur

1. Chevez A, Huppatz DJ (2017) The ancient roots of the modern office. https://www.bbc.com/worklife/article/20170818-the-ancient-roots-of-the-modern-office, abgerufen am 24.02.2022
2. Schumann N (2004) Arbeit im historischen Wandel. München, GRIN Verlag, https://www.grin.com/document/27028, abgerufen am 27.02.2022
3. Grimm K (2021) Zwischen Vorhölle und kreativem Arbeitsplatz – wie das Großraumbüro entstand. https://www.stern.de/wirtschaft/job/wie-das-grossraumbuero-entstand---und-wie-wir-in-zukunft-arbeiten-8862476.html, abgerufen am 24.02.2022

2.1 Immobilie als Asset-Klasse

Im Zentrum der Diskussion um den Bedarf oder die Nutzung von Raum steht immer die Immobilie. In der Bundesrepublik sind Büroflächen die beliebteste Asset-Klasse (48 %). Die rund 14,8 Mio. Büroarbeitsplätze – also jeder dritte Arbeitsplatz in Deutschland – bedeuten umgerechnet 382 Mio. Quadratmeter Bürofläche. Die Immobilie „Arbeitsplatz" ist also ein wichtiger Wirtschaftsfaktor in Deutschland und steht damit unter besonderer Beobachtung angesichts der aktuellen Veränderungen. Nicht allein das Transaktionsvolumen, also der Verkauf von Büroimmobilien, erreicht mit 30,7 Mrd. EUR jährlich fast das Volumen des Gesamtumsatzes aller Unternehmensberater, sondern sorgt zusätzlich für Vermögenssicherung und Vermögenswachstum für Investoren wie Versicherungen, Pensionskassen oder Spezialfonds mit einer durchschnittlichen Rendite von 3 %. Gleichwohl setzen die Investoren mit über 84 % der Investitionen auf sogenannte A-Standorte, also auf Standorte, die in den Städten mit über 250.000 Einwohnern liegen. Bei einem natürlichen Leerstand von etwa 4,3 % werden gut zwei Drittel aller Investitionen mit Einzelvolumen von über 100 Mio. EUR getätigt (Abb. 2.1).

Das unterscheidet andere Asset-Klassen wie Wohnhäuser oder Logistik-Standorte. An den A-Standorten werden inzwischen Spitzenmieten von durchschnittlich 33 EUR erzielt – auch inmitten der Corona-Krise. Das Büro wird also nach wie vor als gute, langfristige Geldanlage-Klasse betrachtet. Infolgedessen gibt es natürlicherweise Interessenkonflikte gegen die Abschaffung oder Reduzierung von Büroraum. Die Büromieten liegen höher als Wohnungsmieten, obwohl deren Erstellungskosten vergleichbar sind. Ein wichtiger Unterschied zu Wohnraum besteht allerdings darin, dass die Nutzer meist kurzfristig, also

© Der/die Autor(en), exklusiv lizenziert an Springer Fachmedien Wiesbaden GmbH, ein Teil von Springer Nature 2022
Q. Graf Adelmann v. A. und S. König, *Das neue Büro nach Covid-19*, essentials,
https://doi.org/10.1007/978-3-658-37787-8_2

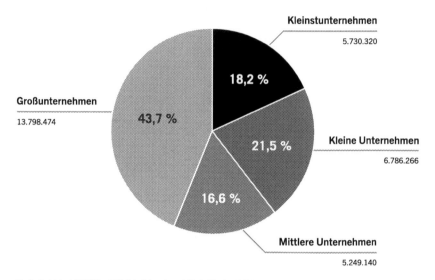

Quelle: Rudnicka J. (2022) Beschäftigte in Unternehmen in Deutschland nach Unternehmensgröße 2019.
de.statista.com/statistik/daten/studie/731962/umfrage/beschaeftigte-in-unternehmen-in-deutschland-nach-unternehmensgroesse/
abgerufen am 01.03.2022

Abb. 2.1 Anzahl der Beschäftigten in Unternehmen in Deutschland nach Unternehmensgröße (2019), Rudnicka J., https://de.statista.com/statistik/daten/studie/731962/umfrage/beschaeftigte-in-unternehmen-in-deutschland-nach-unternehmensgroesse/

3 bis 5 Jahre, anmieten. Es gibt zwar nach wie vor bei sogenannten Single-Tenant-Gebäuden Mieter, die langfristig abschließen (10 bis 15 Jahre), zu denen öffentliche Einrichtungen wie Behörden oder Großunternehmen gehören. Dennoch wissen Unternehmen es oft nicht einzuschätzen, ob sie wachsen oder schrumpfen. Die Anforderung an flexible Größenveränderungen führen also dazu, dass Büros selten von Eigennutzern erworben werden. Es gibt deshalb praktisch kein Teileigentum für Büroetagen. Selbst Rechtsanwälte, Steuerberater oder Architekten müssen sich nach Auftragslage und Partnergröße verändern können.

Besonders deutlich sieht man solche Entwicklungen bei den vielen Start-up-Unternehmungen. Allein in Berlin werden jährlich gut 500 neue Start-ups gegründet. In den letzten 8 Jahren haben sich so 3500 neue Unternehmen mit inzwischen deutlich mehr als 78.000 Mitarbeitern angesiedelt [1]. Diese wissen kaum einzuschätzen, wann und um wieviel sie wachsen oder wieder schrumpfen müssen. Dies bedeutet aus Anleger-Sicht Chance und Risiko zugleich, denn wenn Mietverträge nach 3 Jahren enden, können Gewerbemieten frei verhandelt oder

Flächen neu vergeben werden. Im Gegensatz zu stark regulierten Wohnraum-mieten sind dann extreme Mieterhöhungen in Boom-Zeiten und im Wettbewerb möglich.

In Berlin haben sich die Büromieten in den letzten 10 Jahren gut verdrei-facht. Das Risiko bleibt indes. Wenn man eine Immobilie beispielsweise an eine Vermögensverwaltung speziell ausgestattet langfristig vermietet hat und diese ihr Geschäft aufgibt, müssen die Flächen neu sortiert, umgebaut und vermarktet werden. Ebenso besteht das Risiko anderer Neubauten – also des Wettbewerbs – und einer Wirtschaftskrise, in der Personal abgebaut wird. Neu-bauten können sich allerdings modern anpassen. Wenn durch Digitalisierung keine Aktenschränke mehr an die Wand gestellt werden müssen, können schöne und durch Licht durchflutete Fassaden gebaut werden, was die Attraktivität neuer Gebäude grundsätzlich erhöht.

Exemplarisch kann man dazu Frankfurt am Main oder Berlin betrachten. In den Jahren zwischen 2009 und 2012 stieg der Leerstand in Frankfurt auf 30 % an. In Berlin waren südlich der Flaniermeile Unter den Linden in der Friedrichstraße noch 2010 Flächen für 8 EUR pro Quadratmeter zu haben. Heute undenkbar. Die Mietpreise liegen dort oberhalb von 30 EUR pro Quadratmeter. Sogenannte B-Lagen stehen in Krisen am ehesten leer, gute Lagen senken die Mieten. Die Büroimmobilie ist also eine Wertanlage für Millionen von Menschen und nicht einfach nur Raum für Arbeit. Die aktuellen Veränderungen hin zu Homeoffice und Online-Meetings werfen also eine ganz entscheidende Frage auf: Braucht es in Zukunft überhaupt Büros und wenn ja, was passiert mit den Innenstadtlagen? Hier steigen Wohnraummieten ins Extreme und der Einzelhandel erfährt mit dem Online-Wettbewerb eine echte Existenzkrise. Die Frage ist also, ob die Asset-Klasse „Büroimmobilie" in wenigen Jahren die aktuell wirtschaftliche Bedeutung haben wird (Abb. 2.2).

2.2 Berechnung der Erstellungs- und Betriebskosten

In einer Behörde haben die Beamten und öffentlich Bediensteten je nach Besol-dungsgruppe Anspruch auf eine bestimmte Raumgröße. Man nimmt 12 oder 15 Quadratmeter an. Das sind die klassischen Bürogebäude mit vielen kleine Büros. Alternativ dazu sind Lofts entstanden, die den Mitarbeitern nur Sektionen und Tische zuteilen. Neu sind schicke Büroflächen mit hohen Decken, in denen man höchst flexibel nach Schreibtisch bezahlt, aber unterschiedliche Mitnutzer neben sich an. So sind zahlreiche Unternehmen wie Regus oder WeWork entstanden,

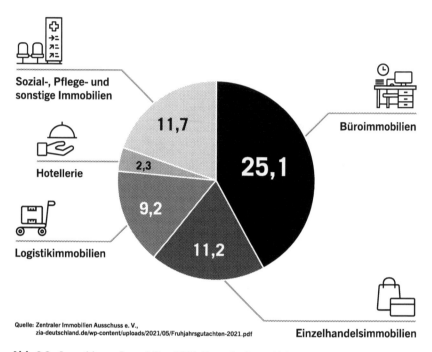

Sozial-, Pflege- und sonstige Immobilien 11,7

Büroimmobilien 25,1

Hotellerie 2,3

Logistikimmobilien 9,2

11,2

Einzelhandelsimmobilien

Abb. 2.2 Investitionen Immobilien 2020, Zentraler Immobilien Ausschuss e. V., http://zia-deutschland.de/wp-content/uploads/2021/05/Fruhjahrsgutachten-2021.pdf

die konzeptionell nach Schreibtisch vermieten und zusätzlich buchbare Meeting-Räume bereitstellen. Die Büros sind entsprechend ausgestattet und bieten auf diese Weise die Möglichkeit, das Team wachsen oder schrumpfen zu lassen, ohne sich in den besagten 3 bis 5 Jahren fixe Raumgrößen anmieten zu müssen. So kosten Arbeitsplätze schnell zwischen 250 und 450 EUR im Monat. Die Kosten sinken nicht automatisch, dennoch ist die Flexibilität des Raums ein entscheidender Punkt. Damit man Raum als wirtschaftlichen Faktor sieht und die Anleger in ihn investieren wollen, muss man mehrere Gesichtspunkte verstehen und einordnen. Nur dann wird verständlich, warum Entwickler, Betreiber und Mieter eines Büros Entscheidungen treffen, die möglicherweise konträr zur Nutzungsanforderung stehen.

2.2.1 Erstellungskosten und Bewertung

Grundsätzlich kann man davon ausgehen, dass, egal wo man in Deutschland 2021 gebaut hat, jeder Quadratmeter Bürofläche etwa 2600 EUR Baukosten verursacht. Dazu kommen die Planungskosten wie die Ausgaben für Architekten, Statiker, Brandschützer, Haustechniker, Gartenplaner sowie die sonstigen behördlichen Kosten oder Anschlussgebühren für Strom, Wasser usw. Abhängig von Finanzierung und Finanzierungsart kommen also zusätzlich gut 1000 EUR pro Quadratmeter hinzu. In Abhängigkeit der Immobilienlage zahlt der Ersteller noch für das Grundstück. Das ist die derzeit einzige Variable, die auf dem Land vielleicht 200 EUR pro Quadratmeter Nutzfläche beträgt und in Bestlagen schnell bei weit über 2500 EUR pro Quadratmeter liegen kann – gleichwohl Vermieter dabei höhere Mieten erzielen. Die Erstellung eines Bürogebäudes mit 2500 Quadratmetern Mietfläche wird also etwa 11,5 Mio. EUR kosten. In Abhängigkeit der Auslastung und Nachfrage von Büroflächen beginnen Gebäudeersteller mit Bauten erst, wenn sie bereits Nutzer haben. Seit einigen Jahren jedoch erstellen Entwickler wieder Bürogebäude auf Vorrat und Banken finanzieren solche Vorhaben sogar ohne bereits abgeschlossene Mietverträge. Das ändert sich im Hinblick auf die jeweilige Wirtschaftslage.

Bei Bestandsgebäuden müssen die Flächen an Nutzer angepasst werden. Je flexibler also ein Gebäude ist, desto geringer die Kosten solcher Wiederherstellungen. Dabei sind es oft die Büronutzer selbst, die die Räume teilen oder Bäder sanieren. Dennoch: Je flexibler die Räume sind, desto mehr Miete kann man verlangen. Das ist in etwa vergleichbar mit Wohnungsmieten. Der Wohnungsmieter hat ein Gesamtbudget, weshalb der Vermieter Interesse haben muss, die Nebenkosten gering zu halten. Umgekehrt trägt der Vermieter gerne die Ausstattungsanpassung für einen bonitätsstarken Mieter, wenn dadurch sowohl die Miete als auch der Immobilienwert steigen. In jedem Fall kommt es auf die Nachfolgenutzungsmöglichkeit von Flächen an. Es gibt Beispiele von großen Bürogebäuden in der Berliner Friedrichstraße, die keine Nachmieter gefunden haben, weil der Zugang über ein Foyer und Treppenhaus stattfand und deshalb jeweils nur ganze Etagen-Flügel vermietet werden konnten. In der Zeit zwischen 2005 und 2015 fand man allerdings keine Mieter, die bereit waren, mehr als 20 EUR pro Quadratmeter zu zahlen und mindestens 1250 Quadratmeter Fläche anzumieten. Wenn den Fondsanlegern Mindestmieten garantiert wurden oder teilweise übliche Mietgarantien ausgereizt waren, blieben die Flächen einfach leer.

Umgekehrt gab es Gebäude, die nur kleine Flächenbereiche zugelassen haben. Dann hatte man zu wenige Gebäude mit der Möglichkeit, an große Unternehmen zu vermieten. Deshalb werden viele Gebäude speziell für Einzelnutzer großer Unternehmen erstellt, die wiederum nach 10 oder 15 Jahren ausziehen, wie beispielsweise bei den bekannten Berliner „Treptowers", die von der Allianz genutzt wurden, geschehen. Die Allianz bezog 2020 schließlich ein neues, speziell an ihre Anforderungen angepasstes Gebäude.

Ähnliche Beispiele findet man für Zalando und andere Unternehmen. Die Erstellungskosten bleiben gleich, aber die Nachfolgenutzung ist immer das Thema Nummer 1 für Büroimmobilien. Ändern sich nämlich die gesellschaftlichen und wirtschaftlichen Rahmenbedingungen grundlegend, sind Gebäude oft nicht mehr State of the Art und werden einfach abgerissen oder stehen leer. Der Umbau von Bürogebäuden – sofern es die Struktur zulässt – kostet ähnlich viel wie ein Neubau, insbesondere, wenn sich im Laufe der Zeit die baurechtlichen Anforderungen an Schallschutz, Brandschutz, Haustechnik wie Klimatisierung oder Energie verändern. Die Büroimmobilie ist also im Gegensatz zu einer Wohnimmobilie tatsächlich nur ein Nutzobjekt. Und da hier überwiegend Geld von fremden Anlegern fließt, ist eine Sicht auf 20 bis 100 Jahre wie bei Wohnimmobilien nicht vorhanden. Die Nutzungsintensität, angefangen mit der Abnutzung von Oberfläche, führt dazu, dass jeder Mieterwechsel mit bis zu 1000 EUR pro Quadratmeter zu Buche schlägt, wenn man Böden wechseln, Wände streichen oder Bäder erneuern muss. Diese Kosten muss man im Blick haben, wenn man Mietpreis und strategische Ausrichtung einer Gebäudevermietung verstehen will.

Hat man die Baukosten verstanden, schaut man sich die Mieten an. Noch vor zehn Jahren und wegen der höheren Zinsen sowie des Einsatzes von Eigenkapital lagen die Immobilienwerte zwischen dem 8- bis 16-fachen der Jahresnettokaltmiete. Hatte man beispielsweise ein 25.000 Quadratmeter großes Gebäude nahe Frankfurt in Eschborn mit einer Versicherungsgesellschaft als Mieterin für 12 EUR pro Quadratmeter vermietet, konnte man mit der Jahresnettokaltmiete von 360.000 EUR einen Faktor von 8 bis 16 (Bruttorendite zwischen 6,25 % bis 12,5 %) rechnen, also mit einem Wert zwischen knapp 3 bis gut 5,8 Mio. EUR. Dies ist nur die simplifizierte Darstellung, weil es natürlich auf einige weitere Faktoren ankommt wie die Laufzeit des Mietvertrages, die Einschätzung der realistischen Miethöhe – insbesondere bei einer notwendigen Nachvermietung – sowie die CAPEX-Kosten, also die erforderlichen Investitionen nach Mietende. Je besser die Lage, desto höher der Faktor. Dies soll an dieser Stelle nicht weiter ausgeführt werden.

Abschließend bleibt dazu zu sagen, dass heute aufgrund des vielen Geldes im Markt (Anleger müssen ja irgendwohin mit dem Geld) und des hohen Bedarfs an Büroflächen in den großen Städten die Faktoren für die Berechnung des Immobilienwerts teilweise auf weit über 30 sowie die Mieten gestiegen sind. Hat man in Nebenlagen Leerstände verkraften müssen und 8 EUR erzielt, bekommt man in Berlin in solchen ehemaligen Nebenlagen plötzlich keinen Quadratmeter mehr unter 18 EUR angemietet. Laufen Mietverträge solcher Gebäude aus, können die Mieten angehoben werden und man bekommt plötzlich 18 EUR pro Quadratmeter. Bei diesem Beispiel ist eine solche Immobilie plötzlich 16 Mio. EUR wert. Der Wertsprung von knapp 3 Mio. EUR auf 16 Mio. EUR innerhalb von weniger als 5 Jahren ist keine Seltenheit.

Praxisbeispiel

Der Mieter will 500 Quadratmeter einer Büroetage für 22 EUR pro Quadratmeter in Berlin-Kreuzberg 5 Jahre anmieten. Der Ausbau der Etage nach den Anforderungen des Mieters kostet 50.000 EUR. Der Mieter will seine Liquidität schonen und fragt, ob der Vermieter die Kosten trägt, und bietet 2 EUR pro Quadratmeter mehr Miete im Gegenzug an. Was macht der Vermieter? 2 EUR mehr pro Quadratmeter bedeuten 1000 EUR mehr Miete im Monat und 12.000 EUR mehr Miete pro Jahr. Bei dem aktuell 25-fachen Faktor (4 % Rendite) bekommt der Vermieter bei einem Verkauf oder einer Bewertung eine um 300.000 EUR höhere Bewertung. Deshalb würde der Vermieter bei richtiger Interessenlage wahrscheinlich eher die Herrichtungskosten übernehmen.

Ob dies eine Blase ist oder nicht: Es macht verständlich, worauf es aus Sicht eines Vermieters ankommt und welche Möglichkeiten er hat, eine Fläche auszustatten, wenn der Mieter nur Mieten zahlt, die hoch genug sind. Bürogebäude haben in der Regel zudem große Volumina, da Anleger selten Immobilien unter einem Volumen von 10 Mio. EUR erwerben. Daran knüpft sich oftmals auch gesellschaftliche Kritik. Finanzielle „Werte" wandern in unproduktive Immobilien, ohne dass hier ein Zutun erforderlich ist, und die Ressource kommt vom Gelddruck bzw. von Ideen, die produktive Menschen erarbeiten. Die Politik hat es geschafft, in der Corona-Krise die Steuermittel für betroffene Unternehmen als Fixkostenzuschüsse ebenfalls für Mieten zu zahlen. Damit waren in der Krise Immobilieneigentümer selbst dann nicht von der Krise betroffen, wenn Mieter ihr Geschäft nicht betreiben konnten, obwohl der Bundesgerichtshof das Risiko einer Nutzungsuntersagung auf Mieter und Vermieter gleichermaßen verteilt hat [2].◄

2.2.2 Betriebs- und Nebenkosten

Im Gegensatz zu Wohnraum, bei dem man die Nettowohnfläche berechnet (im Schnitt 75 % der Bruttogeschossfläche (BGF)) und die Vorsteuer nicht absetzen kann, weil Wohnraummieter keine Umsatzsteuer auf ihre Mieten zahlen, schlägt man die Nebenflächen kostenseitig auf den Mieter um. Bei Wohnraum gibt es eine Betriebskostenverordnung. In diesem Rahmen kann man von etwa 2,50 EUR pro Quadratmeter an Betriebs- und Nebenkosten ausgehen und auf den Mieter umlegen (vor anstehender CO_2-Steuer, Grundsteuerneuberechnung usw.). Das ist wichtig zu wissen, weil der Wohnraummieter in Anlehnung an sein Einkommen immer die Gesamtbelastung sieht. Mietet er also 100 Quadratmeter für 750 EUR kalt, liegt die Belastung bei 1000 EUR im Monat. In diesem Rahmen gibt es Höchstgrenzen bzw. Schwellen, die Mieter u. a. zum Kauf von Wohnraum veranlassen.

Bei Büroflächen können viele weitere Kosten auf den Mieter umgelegt werden. Dazu gehören typischerweise Verwaltungskosten, Zusatzversicherungen, Sicherheitsdienste, Empfangspersonal usw. Die Vorauszahlungen von Betriebs- und Nebenkosten für Büroflächen steigen entsprechend schnell auf 6 bis 10 EUR pro Quadratmeter. Kann man Wohnraum nicht mit ausgewiesener Umsatzsteuer anbieten, vermieten Immobilieneigentümer Büroflächen mit Vorsteuerabzugsberechtigung. Betriebs- und Nebenkosten sind abschreibbar und für Investitionen in die Immobilien erhält der Vermieter die entsprechende Vorsteuer zurück, wenn er hierauf optiert. Für dieses Buch ist es nur insofern relevant, weil Mieter bisher immer versucht haben, ungenutzte Nebenflächen zu vermeiden.

Der Trend der letzten beiden Jahrzehnte für Neubauten war also, keine riesigen, heizkostenverschlingenden Foyers zu errichten oder hohe Decken zu planen, sondern effiziente kleine Büros. Auch Lofts wurden plötzlich mit möglichst vielen Tischen und Stühlen versehen, sodass der Büroraum möglichst nur den Atem der Arbeitnehmer komprimierte. Denn wenn ein Arbeitgeber bei 500 Quadratmetern Bürofläche und 30 Mitarbeitern sozusagen mit 20.000 EUR Miete im Monat belastet ist, versuchte er bisher, möglichst viele Personen in einen Raum zu bekommen. Hat ein Unternehmen 60 Angestellte, erhöhen sich natürlich die Fixkosten des Unternehmens, wenn dieses für jeden Arbeitsplatz ein eigenes Büro einrichten oder einen jeweiligen Schreibtisch aufstellen muss. So gesehen betrachtete man ein Büro als effizient. Mit der Homeoffice-Pflicht könnte man denken, dass der Arbeitgeber die Raumkosten senkt, wenn seine Belegschaft die eigenen Wohnungen als neuen Arbeitsplatz nutzt und nur partiell im Büro erscheint. Also eigentlich ein Vorteil, wenn man Kosten einsparen kann.

Mit der Corona-Krise findet erneut ein Umdenken statt: Wie gelingt es, Mitarbeiter ins Büro zu holen und den Austausch zu ermöglichen? Nicht die Anzahl genutzter Schreibtische ist nunmehr relevant, sondern die Möglichkeit, private Nutzungen ins Büro zu holen. Schreibtische werden gemeinsam und spontan genutzt. Große amerikanische Tech-Unternehmen wie Google oder Facebook richten Fitness-Bereiche, Lounge-Ecken und Küchen als Kommunikationszentren ein. Die kleinen Wohnungen der Mitarbeitenden sollen nicht mehr Aufenthaltsort sein, sondern der Arbeitsplatz. Ob diese neue Sichtweise nachhaltig im Sinne der Nachfolgenutzung ist, soll hier dargelegt werden.

Literatur

1. Senatsverwaltung für Wirtschaft, Energie und Betriebe (2020) Die Berliner Startups sind ein Jobmotor. https://www.berlin.de/sen/web/presse/pressemitteilungen/2020/presse mitteilung.893444.php, abgerufen am 24.02.2022
2. Bundesgerichtshof (2022) Verkündungstermin am 12. Januar 2022, 9.00 Uhr, Saal E 101, in Sachen XII ZR 8/21 (Mietzahlungspflicht bei coronabedingter Geschäftsschließung). https://www.bundesgerichtshof.de/SharedDocs/Termine/DE/Termine/XIIZR8-21.html?nn=10660434, abgerufen am 24.02.2022

Virtueller Arbeitsplatz 3

3.1 Arbeitsplatz als Sammelstelle der Arbeitnehmer

Wer wissen will, wie die Arbeit in Zukunft aussehen kann, der sollte einen Blick auf industrielle Tätigkeiten werfen. Automatisierte Montagelinien ersetzen zunehmend den Arbeiter. Braucht man die klassische Arbeitskraft überhaupt noch? In der Industrie sieht man Beispiele wie den Hamburger Hafen, der in den 70er Jahren rund 20.000 Personen beschäftigte und heute zur Erledigung dieser Arbeiten nur 700. Auf der einen Seite haben die großen Hersteller wie VW und BMW längst begonnen, tausende Stellen zu streichen. Andererseits suchen sie händeringend nach Spezialisten in der Batterieentwicklung, -fertigung und beim Thema KI.

Ein tieferer Blick in die Automobilproduktion, der deutschen Schlüsselindustrie, lohnt. Automatisierte Produktionslinien und standardisierte Abläufe haben im besten Fall zu einer Verlagerung der Arbeitsplätze geführt. In der Regel sind Arbeitsplätze durch Roboter ersetzt worden, was auch Vorteile mit sich gebracht hat. So sind mit der zunehmenden Automatisierung die Produktionsqualität erhöht und die Kosten gesenkt worden. Mit dem Fortschritt der Digitalisierung wird sich dieser Trend fortsetzen. Körperlich schwere Arbeiten werden zunehmend von Maschinen übernommen. Der Einsatz von Künstlicher Intelligenz wird die Produktion weiter optimieren. Deshalb wird sich der Wandel der Arbeitswelt merklich im produzierenden Gewerbe erkennbar zeigen. Dort, wo Kreativität, Empathie oder individuelle Lösungen gefragt sind, wird der Mensch mit seiner Arbeitsleistung weiter gefordert sein. Dieser Prozess der Umstrukturierung wird aber auch Verunsicherung und Ängste in der Belegschaft hervorrufen.

Q. Graf Adelmann v. A. und S. König, *Das neue Büro nach Covid-19*, essentials, https://doi.org/10.1007/978-3-658-37787-8_3

Andere Unternehmen schätzen, dass sie allein in Deutschland gut 50 % mehr Personal benötigen, weil ein strategischer Ausbau erfolgen soll. So will die Deutsche Bahn 100.000 neue Mitarbeitende einstellen und erkundet derzeit, wie viele neue Büros man benötigen werde, obwohl sie jährlich hohe Milliarden-Verluste erwirtschaftet [1]. Alte Denkweisen benötigen wohl eine Übergangszeit.

3.2   Auslagerung und Strukturierung von Abteilungen am Arbeitsort

Die Digitalisierung bringt enorm viel in Bewegung. Teams der Zukunft sind gut vernetzt, ihre Mitarbeiter wissen mit Algorithmen umzugehen, können Software modifizieren und mit Robotern kommunizieren. Zum Team der Zukunft gehören kreative Leute, die sich in virtuellen Räumen wohlfühlen und sich dort im Metaversum, dem zukünftigen virtuellen kollektiven Raum, mit ihren Kollegen aus aller Welt treffen, um projektbezogen zusammenzuarbeiten. Zugegeben: Dieses Szenario ist noch ein paar Jahre entfernt, aber die ersten Trends zeichnen sich ab. Wechselnde Projekt-Teams, häufige Arbeitsplatz- und Jobveränderungen, ständiges Lernen – das sind drei zentrale Entwicklungen, welche Experten in den nächsten Jahrzehnten erwarten. Veränderungen auf allen Ebenen brauchen Teams, die mitgehen und die vielen Wechsel gestalten. Deshalb wird es an sehr vielen Arbeitsplätzen zunehmend darum gehen, miteinander und voneinander zu lernen.

Hinzu kommt, dass Menschen älter werden und weiterhin beruflich aktiv bleiben. Schon heute stehen 61 % aller über 60-Jährigen noch im Berufsleben [2]. Die Generationen werden durch die demografische Entwicklung immer weniger unterscheidbar. Nun sprechen nicht nur gut die Hälfte aller Bewohner in Deutschland über 14 gutes bis sehr gutes Englisch [3], sondern wir gewöhnen uns bereits jetzt in Großstädten daran, auf Englisch zu bestellen, weil die Bedienung oder die Inhaber keine Deutschen sind oder nicht gut deutsch sprechen. Allein in Berlin leben gut 420.000 Europäer [4]. Umgekehrt sprechen oder lernen 130 Mio. Menschen weltweit Deutsch [5]. Software übersetzt inzwischen in jede Sprache, sodass schriftliche Kommunikation ohne Sprachkenntnisse möglich ist. Weshalb also müssten Angestellte einer Deutschen Telekom in Bonn sitzen oder warum könnte ein Steuerberater nicht Mitarbeiter von Sofia aus arbeiten lassen? Eine Kundenbetreuung bis hin zu persönlichen Dienstleistungen wie Arztkonsultationen könnte durchaus aus Regionen durchgeführt werden, die nicht in Deutschland liegen. Die technischen Voraussetzungen sind längst vorhanden und die gesellschaftlichen Hürden wie Sprache überwindbar.

3.3 Effizientisierung und Reduktion von Arbeitskraft durch Software und Online-Angebote

Spätestens mit der deutschen Wiedervereinigung und mit der Frage, ob der Mensch überhaupt noch gebraucht wird und im Hinblick auf die Geschehnisse nach dem Ende der Deutschen Demokratischen Republik (DDR) haben sich erste große Risse am Glauben an einen sicheren Arbeitsplatz und eine sichere Rente ergeben. In Berlin konnte man dies besonders gut sehen: Mit einer Arbeitslosenquote von fast 20 % Mitte der 90er Jahre und dem plötzlichen Wegfall von industrieller Produktion sowie der gleichzeitig stattfindenden Auslagerung von Produktionen ins Ausland war das Vertrauen in eine berufliche Karriere in einer Firma über ein ganzes Leben hinweg versiegt. Gleichzeitig haben die Frauen in der DDR eine deutlich höhere Beschäftigungsrate gehabt als in der Bundesrepublik (BRD). In der DDR waren 90 % der Frauen beruflich tätig [6], in der BRD nur knapp 50 % [7]. Es stellte sich also und gerade für die Kinder der Betroffenen die Frage, ob die beruflichen Lebensziele der Eltern Vorbild sein können. Es gab mit der rot-grünen Koalition unter Bundeskanzler Schröder schließlich zahlreiche Arbeitsmarktreformen, im Zuge derer u. a. Arbeitszeiten verkürzt und die Rechte der Arbeitnehmerschaft konkretisiert wurden. Außerdem sollte der Arbeitsmarkt flexibler gestaltet werden. Der neue, junge Angestellte setzt seinen Schwerpunkt auf sein Privatleben. Arbeitgeber waren also diesbezüglich vorgewarnt.

Unter Druck der Kostenoptimierung der Verwaltung im Allgemeinen und der Abnahme von verfügbaren, qualifizierten Arbeitnehmern ist die Frage der Prozessoptimierung eine der wichtigsten eines jeden Unternehmens. Vergleichbar ist diese Entwicklung mit denen der FinTech-Unternehmen nach der Finanz- und Wirtschaftskrise. Zahlungsverkehr ist digitalisiert worden bis hin zur heutigen Frage, ob Geld rein digital wird und damit die zehntausenden Bankfilialen in Europa künftig ihre Daseinsberechtigung verlieren werden. Ebenso verhält es sich mit Arbeitsabläufen. Wir schreiben keine Briefe mehr, sondern E-Mails, es muss kein Dokument mehr ausgedruckt, unterschrieben und gescannt werden, weil digitale Unterschriften genügen. Selbst die Finanzämter akzeptieren inzwischen rein digitale Belege, die wiederum mit Software einen sicheren Freigabeprozess durchlaufen. Erstaunlicherweise kann man, jedenfalls teilweise, Anträge für Landesbanken oder Kurzarbeiteranträge in der Krise nunmehr digital einreichen. Macht man das, bekommt man etwa eine Woche später die Kurzarbeitergelder, als ob man diese auf Papier beantragt hätte, denn die Bundesagentur druckt die digitalen Anträge aus, um sie anschließend intern weiterzugeben und zu bearbeiten. Die Verwaltung muss sich weiterhin an digitale Prozesse gewöhnen. In der

Privatwirtschaft ist das allerdings längst Standard. Der Steuerberater hat den kompletten Prozess digitalisiert, sodass es keine Belegbearbeitung mehr auf Papier geben muss.

Praxisbeispiel

Die Autowerkstatt hat einen neuen Geschäftssitz mit einer digitalen Adresse, an die sämtliche Lieferanten ihre Rechnungen übermitteln, entweder online oder offline. Die offline ankommenden Rechnungen werden gescannt und in einer Cloud hinterlegt. Die auf den jeweiligen Rechnungen enthaltenen Informationen wie Rechnungshöhe und Fälligkeitstermine werden mit Kontierungsnummern versehen und in DATEV übertragen, sodass der Steuerberater die Rechnungen nur mit den ebenfalls online verknüpften Kontoauszügen abgleichen muss, um entsprechende OPOS-Listen, Umsatzsteueranmeldungen und Bilanzen zu erstellen. Rechnungen können via E-Mail an einzelne Angestellte zur Freigabe per Klick übermittelt werden.◄

Dies beschleunigt nicht nur die Bearbeitung, es spart vor allem operative Zeit für stupide Arbeitsvorgänge und schafft physischen Platz. Die Personalverwaltung funktioniert ebenfalls bereits digital. Geburtstagskalender, Urlaubszeiten oder das Merken von Probezeiten ist ebenso obsolet wie die manuelle Ausstellung von Arbeitszeugnissen oder der Versand von Entgeltabrechnungen. All das geben unterschiedliche Software-Lösungen bereits inklusive zahlreicher grafischer und textlicher Auswertungen her. Unter dem Druck der Mitarbeitersuche, aber vor allem in der sich daraus ergebenden Möglichkeit, die eigentlichen Fragen zur steuerlich-rechtlichen Beratung zu lösen, liegt die Chance in der Qualität der Arbeit selbst. Letztlich bedeutet die Einführung digitaler Prozesse also den Wegfall unnötigen Stauraums, Ersparnis der Dokumentationszeit sowie die Möglichkeit des Zugriffs auf Daten und Unterlagen von überall aus. Die Menschen müssen rein theoretisch nicht mehr an einen zentralen Ort der Ablage gehen, um Dokumente einzusehen und zu bearbeiten.

Gleiches gilt für die Datensicherung. Noch vor wenigen Jahren hat man alle Daten regelmäßig auf Servern und externen Datenspeichern gesichert. Jetzt werden Daten in sogenannte Clouds gelegt. Sie liegen anschließend tatsächlich in hochzertifizierten Rechenzentren großer Unternehmen, wie beispielsweise der Deutschen Telekom. Sicherlich ergibt sich daraus die Frage, wem die Daten gehören und ob diese beispielsweise im Falle eines Anschlags sicher und verfügbar sind. Im Rahmen aktueller Tendenzen zu voller Transparenz (Transparenzregister, Informationsfreiheitsgesetz) sowie in Anlehnung an bereits existierende

Praxen in anderen Ländern (in England kann man jedes Kennzeichen einem Halter und einer Versicherung offen zuordnen; in Schweden kennt man die Einkommensteuerzahlen des Nachbarn) könnte es sein, dass Unternehmensdaten an unterschiedlichen Speicherorten aufbewahrt und unveränderbar sind (Blockchain-Technologie). Dies ist aber ein gesondertes Thema. Letztlich ist der eigentliche Büroarbeitsplatz als Idee einer Informations- und Datenaufbewahrungsbasis durch Software obsolet. Wir schreiben mit keiner Schreibmaschine mehr, sondern haben Textprogramme wie Word oder Pages, die jeden Fehler erkennen. Wir verschicken keine Briefe mehr, sondern E-Mails oder sogar nur Nachrichten über Messenger-Dienste oder in Software. Kundenverwaltungen geschehen fast vollautomatisch mit neuen CRM-Systemen.

Praxisbeispiel

Da gut zwei Drittel aller Kundenanfragen außerhalb der Geschäftszeit ankommen, hat ein Spirituosenhersteller mit Kontaktanfrage auf der Website die automatische Beantwortung der Anfragen mit Möglichkeit, direkt einen Gesprächstermin zu vereinbaren und diesen automatisch im Outlook-Kalender einzugeben, eingerichtet. Es braucht so keine wache Interaktion, um Kunden zu managen und nicht zu verlieren.◄

Alle Daten können von überall und zu jeder Zeit eingesehen und digital bearbeitet werden. Microsoft scannt inzwischen alle E-Mails und warnt, wenn man zu lange inaktiv war oder eine Terminanfrage übersehen hat, weil sie nicht im Kalender eingetragen ist, und erinnert an die To-dos der jeweiligen Woche aus den E-Mail-Inhalten Fremder. Es gibt Software, die die jeweiligen Teilleistungen organisieren. Man erkennt zudem, wann der Nutzer wie lange an etwas gearbeitet hat. Gedacht sind diese Prozessoptimierungen, um monotone und fehleranfällige Arbeit der Menschen zu automatisieren und damit die Fehlerquoten zu senken. Gleichzeitig soll jedem Einzelnen mehr Zeit bleiben, qualitative Sonderarbeit erledigen zu können. Man müsste daher theoretisch weniger arbeiten, um qualitativ und quantitativ bessere Ergebnisse zu leisten mit der Folge einer höheren Produktivität. Gleichwohl bedingen die Prozessdigitalisierung sowie die Transparenzerhöhung, weshalb viele Dienstleistungen nun exakt und in Echtzeit vergleichbar sind, dass ganze Branchen wie Banken und Versicherungen im Wettbewerb verschwinden werden. Die Frage ist also, weshalb man überhaupt Büros haben soll, wenn der Arbeitsaufwand um 80 % reduziert ist und man die meiste Zeit weder mit noch bei Kunden sein wird.

3.4 Homeoffice

Die Corona-Pandemie hat uns gezeigt, was vorher unvorstellbar erschien: das Homeoffice. Der recht alte Begriff ist nicht als Telearbeit zu verstehen, bei dem man sich auf eine der zehntausenden offenen Stellen dafür bewirbt, z. B. Kugelschreiber für ein Versandhaus zusammenzusetzen oder gar als Callcenter-Mitarbeiter Kunden anzurufen und Pay-TV-Abonnements zu verkaufen. Nein: Seit Beginn der Corona-Pandemie ist immer wieder darüber diskutiert worden, ob es für die knapp 34 Mio. sozialversicherungspflichtig Beschäftigten gesünder sei, gar nicht ins Büro zu gehen. Anfänglich sind Arbeitgeber angehalten worden, ihr Personal von zu Hause aus arbeiten zu lassen. Bei Behörden ging es so weit, dass beispielsweise ein Bauamtsleiter aus Berlin in den abendlichen Regionalnachrichten im September 2020 verkündet hat, dass derzeit aufgrund der Ansteckungsgefahr keine Sprechstunden stattfinden könnten. Außerdem treffe man ohnehin keine Bediensteten an, da diese aufgrund der bestehenden Lebensgefahr daheim seien. Auf die Nachfrage eines Journalisten, wo denn die Ansteckungsgefahr läge, wenn jeder Beamte jenes Bauamtes ein eigenes Büro habe, teilte der Amtsleiter mit, dass die Gefahr auf dem Weg zur Arbeit bestünde. Auf die weitere Nachfrage, ob die Angestellten von daheim arbeiteten, teilte der Behördenchef wiederum mit, dass dies zwar gewünscht, dennoch unmöglich sei, da die Mitnahme von Akten verboten sei und außerdem nur in Einzelfällen ein Intranet bestünde und der Zugriff online von außen nicht möglich sei – außerdem dürfe man keine amerikanische Software nutzen, um sich untereinander auszutauschen.

Mit anderen Worten: Viele Behörden und Bildungseinrichtungen waren monatelang komplett lahmgelegt. Auch andere Unternehmen haben ihre Mitarbeiter aufgefordert, ihre Arbeit möglichst von daheim aus zu verrichten. Bei der Deutschen Bahn mit ihren 331.000 Beschäftigten (davon 205.000 in Deutschland) arbeiten praktisch alle Verwaltungsmitarbeiter seit 2 Jahren von zu Hause aus [8].

Das Unternehmertum hatte anfänglich keine Verpflichtung, seine Angestellten aus dem Büro auszuschließen. Seit dem 21. November 2021 sind Arbeitgeber aber verpflichtet, sie von daheim arbeiten zu lassen, soweit es betrieblich möglich ist. Zwar gibt es für die zunächst bis 19. März 2022 befristete Bestimmung aus dem Infektionsschutzgesetz kein einklagbares Recht eines Arbeitnehmers. Gleichwohl haben die privaten Unternehmen bereits im Frühjahr 2020 damit begonnen, das Homeoffice zu üben und umzusetzen. Die schnelle Entwicklung und Etablierung von Software wie Zoom, Microsoft Teams oder Google Meet, die schnellen Updates zu Sicherheitslücken sowie die Möglichkeiten des Teilens von Dokumenten, Chats, Teilnehmerzahlen usw. haben innerhalb einer sehr kurzen Zeit die Kommunikation von Unternehmensteams möglich und sogar normal gemacht. Die Formate haben sich so schnell etabliert, dass ganze Unternehmernetzwerke wie das Business Network International (BNI) mit 285.000 vernetzten Unternehmern und gut 16 Mrd. EUR Geschäftsvolumen [9] plötzlich reine Online-Meetings durchgeführt haben. Etwas, was zuvor nicht denkbar war, weil das Handschlaggeschäft der Kleinunternehmer Kern und Erfolgsrezept des Netzwerkerfolges war.

Plötzlich war es möglich und geübt, Menschen ohne Reiseaufwand zu treffen und Themen trotzdem persönlich zu besprechen. Homeoffice bekommt also eine ganz neue Bedeutung. Denn mit der ersten Tasse Kaffee am Morgen sitzt der Arbeitnehmer am PC/Laptop und beginnt den Tag sozusagen einige Meter vom Bett entfernt und einige Minuten nach dem Aufstehen anstatt mit dem Zeitpunkt des früheren Loslaufens zur Arbeit. Zwar kann man das Wohn- oder Esszimmer nach wie vor nicht steuerlich als Arbeitszimmer geltend machen, weil dies keine abgeschlossenen Räume sind und Einrichtungen wie Couch oder Kleiderschrank steuerlich als sachfremd gelten. Immerhin können die Wohnkosten inzwischen teilweise abgesetzt werden, wenn man aufgrund der Homeoffice-Pflicht mindestens 3 von 5 Tagen von daheim arbeitet. In Deutschland rechnet man mit einer durchschnittlichen Wohnungsgröße von 72 Quadratmetern. Ein Arbeitszimmer dürfte 8 Quadratmeter groß sein, was bedeutet, dass gut 11 % der Wohnkosten steuerlich abgesetzt werden können [10]. Neben dem gesetzlichen Schub und der zeitweisen Vernunft zum Homeoffice sowie der technischen Möglichkeiten hierzu hat sich die eingeprägte Scham der Arbeitgeber und Arbeitnehmer verbunden mit schlechtem Gewissen, zu Hause zu bleiben, in kürzester Zeit in Luft aufgelöst (Abb. 3.1).

Es ist völlig selbstverständlich geworden, darüber nachzudenken, ob Arbeiten nicht von daheim möglich sein sollen, zumal man jederzeit Online-Meetings mit jedem Raum von überall durchführen kann. Sicherlich sind Behörden teilweise lahmgelegt worden, in manchen Regionen der Bundesrepublik sind die Internet-Verbindungen immer noch mittelalterlich. Mütter und Väter werden benachteiligt, wenn ihr Wohnraum mit Kindern zu teilen ist, die nicht in den Kindergarten oder die Schule dürfen. Dennoch: Millionen Menschen haben schnell technisch dazu gelernt und konnten sehen, dass das produktive Abarbeiten mit dem Laptop bewaffnet neben dem heimischen Sofa funktionieren kann. Plötzlich waren Fahrtwege gestrichen und die Work-Life-Balance neu zu denken, wenn man privat und beruflich in der Tagesordnung vermischt (Abb. 3.2).

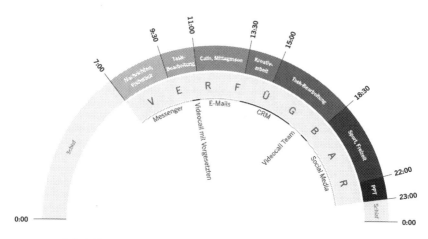

Quelle: Graf Adelmann Q. (2022) Homeoffice. Eigene Grafik

Abb. 3.1 Homeoffice – Ein typischer Arbeitstag, Quirin Graf Adelmann

Die Auswirkungen auf Leistung und Mentalität der Menschen sind zwar nicht final ausgewertet, dennoch wurden jahrzehntelang eingeprägte Grenzen gesprengt. In diesem Rahmen müssen Arbeitgeber ebenso wie Immobilienanbieter einen neuen Raum-Wettbewerb fürchten: den Arbeitsplatz daheim. Dies geht so weit, dass man theoretisch bei Sonnenschein im Garten und in Shorts sitzen kann. Ganze Bekleidungs-Zweige sind so kollateral ebenso in Gefahr. Die Arbeitskleidung bekommt eine andere Gewichtung. Im ersten Lockdown im April 2020 waren 27 % der Beschäftigten im Homeoffice und im Januar 2021 24 % [11]. Die zweite Statistik ist dabei besonders interessant, weil die Corona-Pandemie aufgrund der Unkenntnis über Covid-19 sowie nicht verfügbarer Impfstoffe Angst in der Bevölkerung verbreitete. Im Januar 2021 rechnete jeder trotz relativ niedriger Infektionszahlen mit Ansteckung. Schon im Januar 2022 bei 30-fach höherer Infektionsraten war die Angst jedoch verschwunden. Es stellen sich also heute und in Zukunft die Fragen, ob das Mittel des Homeoffice seitens der Arbeitergeber genutzt wird, um die Fixkostenlast für Betrieb und Einrichtung von Büroarbeitsplätzen zu senken, und inwieweit Arbeitnehmer verlangen werden, einen Teil ihrer Arbeitszeit als Homeoffice-Zeit vertraglich zu vereinbaren. In jedem Fall werden Büroarbeitsplätze der Zukunft neu gedacht und ausgestattet. Im Ergebnis des heutigen Standes könnten, ohne Banken, Bildungseinrichtungen, Krankenhäuser und den öffentlichen Sektor mitzuzählen, gut

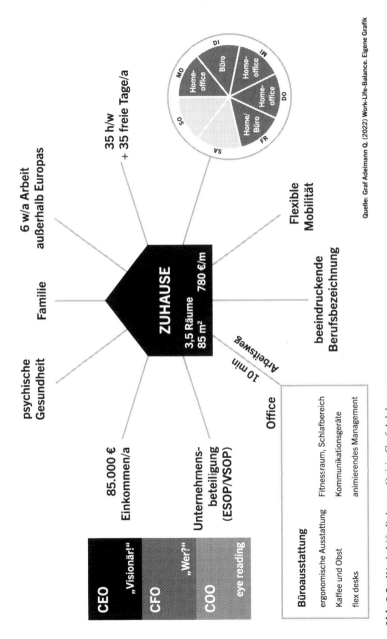

Abb. 3.2 Work-Life-Balance, Quirin Graf Adelmann

56 % aller Arbeitsplätze ihre Aufgaben zufriedenstellend im Homeoffice erledigen [12]. Allerdings ergeben sich bei ersten Studien deutliche regionale und inhaltliche Unterschiede. So nutzen gut 75 % der Arbeitnehmer ein Homeoffice-Angebot, insbesondere in Bayern und den ostdeutschen Regionen. Im Nordwesten der Republik nutzt nur etwa ein Drittel entsprechende Angebote zu Homeoffice. Grundsätzlich lassen sich folgende Annahmen festhalten:

• Homeoffice-Angebote können nur wahrgenommen werden, wenn der Inhalt der beruflichen Tätigkeit überwiegend mit PC erledigt wird. Dies betrifft insbesondere die Bereiche der Dienstleistung und der IT und ist damit regional unterschiedlich.
• Gut 50 % der theoretischen Homeoffice-Möglichkeit wird nicht genutzt.
• Wenn Arbeitgeber Angebote zu eigenen Bereichen mit IT anbieten, nutzen 75 % der Arbeitgeber lieber das Arbeitsplatzangebot.

Dies bedeutet zwangsläufig, dass die Potentiale externer Arbeitsplätze mit enormen wirtschaftlichen Folgen nicht im Büro stattfinden müssten und außerdem, dass dennoch die meisten das Büro des Arbeitgebers vorziehen, wenn es anders strukturiert ist. Unabhängig vom Geschlecht nutzen Menschen im Alter zwischen 25 und 44 Jahren, die hoch gebildet sind und Führungspositionen eingenommen haben, am ehesten das Homeoffice [12] (Themenreport 02, Homeoffice im Verlauf der Corona-Pandemie, S. 5). Mit dem Wegfall der Angst vor Ansteckung bzw. der Pandemie und der gesetzlichen Anforderung zu Homeoffice-Angeboten stellt sich natürlich die Frage, welche bleibenden Ansichten zu Homeoffice bleiben. Dazu später mehr.

3.5   Arbeitsplatz und Zuordnung

Schaut man sich Serien an, bei denen das Büro eine Rolle spielt, stellt man fest, dass der Büroarbeitsplatz immer eine Aussage zur Stellung des Arbeitnehmers im Unternehmen trifft. In der amerikanischen Serie „Suits" beispielsweise arbeiten die Anfänger und Assistenten in einem Großraumbüro in Boxen von der Größe eines Schreibtisches, haben wenig Privatsphäre, keinen eigenen Raum und sind ständigem Lärm ausgesetzt. Mit dem Aufstieg kommen eigene Büros und als Partner hat man dann im Glashochhaus eine große Fensterfront. Selbst auf Ebene der Partner gibt es weiterhin hierarchische Unterschiede, die man mit einem Eckbüro propagiert, aus dem man in mehrere Himmelsrichtungen blicken kann.

Man erinnere sich bei großen Bankhäusern an Bürogebäude mit teilweise unbelichteten kleinen Büroarbeitsplätzen, die zuletzt als Sterbezimmer in Friedhofsetagen bezeichnet wurden. Unliebsame Angestellte wurden in solche Bereiche versetzt. In der Bundesrepublik startet zunächst 1975 eine Norm mit der Bestimmung der Raumgröße. Nach Arbeitsstättenverordnung (ArbStättVO) muss ein Büro mindestens 8 Quadratmeter Fläche und eine Raumhöhe von 2,50 m haben. Mit jedem Beschäftigten mehr im selben Raum kommen 6 Quadratmeter Flächenanforderung hinzu. Das ist in etwa so wie beim Mindestlohn. Fragt sich nur, ob der geschätzte Mitarbeiter tatsächlich ein Mindestgesetzbüro besetzen will. In Großraumbüros geht man wegen der Wege und Abstände von 12 bis 15 Quadratmetern pro Person aus. Da steigen in Anlehnung an die jeweiligen Raumgrößen auch die vorgeschriebenen Deckenhöhen.

Dass Gesetze nicht immer mit der Realität übereinstimmen, zeigt sich bereits an den Konzepten von WeWork & Co. Denn wenn ein Start-up nur nach Tisch monatlich zwischen 250 und 400 EUR zahlt, fragt man sich, wie dort Mindestflächen berechnet werden und ob der Maßstab für die Pflicht des Vorhaltens von Bürofläche immer die Zahl der in Entgeltabrechnungen aufgeführten Mitarbeiter des Unternehmens sind. Da die Anmietenden selbst für die Einhaltung von gesetzlichen Standards verantwortlich sind, besteht hier wohl eine Gesetzeslücke.

Die Idee der gerechten Aufteilung von Bürofläche ist besonders bei Beamten und öffentlich Bediensteten sichtbar. Seit jeher beziehen Beamte Einzelzellen und wollen diesen Status beibehalten. Die zu lösende Rechtsfrage ist, ob Beamte dulden müssen, mit einem Kollegen ein Büro zu beziehen [13]. Nun: Sie müssen es. Der Trend geht auch hier hin zum Großraumbüro. Das mag den einen oder anderen nicht erfreuen, wenn dann gewissermaßen seine Produktivität, Beginn und Ende des Arbeitstages, Freundlichkeit zu Bürgern (Kunden) oder Zahl der Krankheitstage viel einfacher zu beobachten sind. Ein Minister hat jedenfalls als oberstes Organ der Exekutive bereits gesetzlichen Anspruch auf einen Raum von 48 Quadratmetern.

In der Zukunft stellt sich gleichwohl die Frage, ob mit den technischen Möglichkeiten des Arbeitens von überall aus ein Büroraum überhaupt gesetzlich verlangt werden kann bzw. soziale Hierarchien abbilden muss.

Praxisbeispiel 1

Der Autor ist Geschäftsführer eines Start-ups in Berlin, das mittlerweile im fünften Geschäftsjahr ist. Im ersten Jahr befand sich „das Büro" ist einem Co-Working-Space in Berlin. Der Vorteil war, dass man jeden Mietvertrag mit 4-wöchiger Frist aufkündigen konnte. Im zweiten bis zum vierten Jahr bezog das Start-up ein Gemeinschaftsbüro mit zwei Schwestergesellschaften in Berlin. Gut 350 Quadratmeter wurden von drei Unternehmen geteilt, wobei jedes Unternehmen seinen eigenen Glasbaukasten-Bereich hatte und jeder Mitarbeiter einen eigenen Schreibtisch. Meeting-Räume wurden geteilt und mit Software hinsichtlich Belegung gesteuert. Das Unternehmen wächst weiter. Im fünften Jahr erfolgte der Umzug in ein neues Büro mit ebenfalls 350 Quadratmetern und inzwischen 18 Angestellten. Gesetzlich gesehen reicht die Fläche der gut 4 m hohen Decken in Großraum mit drei Glasbau-Meeting-Räumen aus.

Das Unternehmen wird weiter wachsen und benötigt inzwischen einen Empfangsbereich für Kunden. Die Vermieter solcher Flächen verlangen immer mindestens 3 Jahre Mietvertragslaufzeit. Tatsächlich stehen in diesem Kreuzberger Büro nur 12 Arbeitsplätze zur Verfügung. Es könnten also theoretisch nicht alle Beschäftigten gleichzeitig im Büro sein. Die Schreibtische sind nicht einzelnen Personen zugeordnet, sodass deren Nutzung jedem freisteht. So sitzen manche Entwickler am Küchentresen, andere arbeiten vom Hof aus und wiederum andere sitzen in freien Meetingräumen oder in einer der Sitzecken. Mit diesen flexiblen, nicht zugeordneten Arbeitsplätzen wird es gelingen, das Unternehmen größenmäßig zu verdoppeln, ohne das Büro wechseln oder ein weiteres Büro anmieten zu müssen. Tatsächlich hat nur der Geschäftsführer einen eigenen Schreibtisch zum Arbeiten – insbesondere aber noch Unterlagen in Papier auf seinem Tisch. Hierarchisch gesehen sind Autoritätsthemen nicht vorhanden und kein Bewerber verlangte bisher einen eigenen Raum oder einen eigenen Schreibtisch.◄

Praxisbeispiel 2

In einem weiteren Beispiel hat ein großer Stromkonzern in Essen in Auswirkung der Homeoffice-Pflicht seinen Mitarbeitern mitgeteilt, dass sie nur zweimal wöchentlich erscheinen müssten. Die Pflicht zum Homeoffice. Gleichzeitig teilte man ihnen mit, dass künftig – ähnlich wie bei vielen Filialbankkonzepten – keine eigenen Schreibtische mehr vergeben würden. Man könne sich einen jeweils freien Arbeitsplatz selbst aussuchen. Diese seien alle technisch vorgerüstet. Im zweiten Beispiel handelte es sich überwiegend um Beschäftigte 40+. Dennoch gewöhnten sich diese an die neue Handhabung und finden sie sogar gut.◄

Anhand dieser Beispiele zeigt sich, dass das klassische Arbeiten an einem Schreibtisch durch die Pandemie beschleunigt ausgedient hat. Es geht anders, ohne, dass Arbeit liegen bleibt oder Hierarchien gefährdet sind (Abb. 3.3).

3.6   Idee des rein virtuellen Arbeitens nach dem Meta-Konzept

Das um die Jahrtausendwende entwickelte und weiterhin existente Second Life ist der erste ernstzunehmende Versuch, eine virtuelle Welt als „Metaverse" zu schaffen. Teilnehmer können sich dort selbst als Avatar erschaffen und so mit anderen Personen in Interaktion treten. Trotz eigener Währung und zeitweise über 50 Mio. registrierter Nutzer schaffte es die virtuelle Welt nicht über den Status eines Spieles hinaus. Weder hübsche Avatare noch 3D-Modelle als Abbild der Realität verhalfen Second Life zu einer Relevanz als Kommunikationsplattform in kultureller, edukativer, wissenschaftlicher oder religiöser Hinsicht und damit eben auch nicht zum Eintritt in die reale Arbeitswelt. Es blieb ein Spiel, das mittlerweile gesellschaftlich bedeutungslos ist.

2021 benennt der Facebook-Gründer sein Unternehmen in Meta um, stellt die Entwicklung der klassischen Plattform und Cashcow des Unternehmens, Facebook, ein und erklärt Ende 2021, das Metaverse zum Leben erwecken zu wollen. In seiner 70-minütigen Keynote führt Mark Zuckerberg aus, wie man in 3D-Räumen im Metaverse Zeit miteinander verbringen, lernen, spielen und vor allem zusammenarbeiten kann – auf eine neue Art, die alles übertreffen soll, was bisher möglich war. Das Metaverse sei die nächste Generation des Internets, mit einem Fokus auf Zusammenarbeit und Weiterbildung.

Barbados beschreitet neue Wege und wird als erstes Land der Welt eine offizielle Botschaft im Metaversum eröffnen. Das Außenministerium des Karibikstaats unterzeichnete am 14. November 2021 eine entsprechende Vereinbarung mit Decentraland, einer der weltweit führenden Blockchain-Metaverse-Plattformen, um „die grundlegenden Entwicklungselemente für seine Metaverse-Botschaft zu skizzieren". [14]

Metaverse wird als Game Changer bei der Schaffung einer virtuellen Welt, die Menschen auf der ganzen Welt zusammenbringt, angepriesen. Es kann für Dinge wie virtuelle Konzerte, virtuelle Reisen, Shopping, Freizeitaktivitäten und vieles mehr verwendet werden. Der Umfang von Metaverse ist nicht auf eine bestimmte Aktion beschränkt.

Erstmals genutzt wurde der Begriff Metaverse in dem 1991 veröffentlichten Science-Fiction-Roman „Snow Crash" von Neal Stephenson. Der Autor

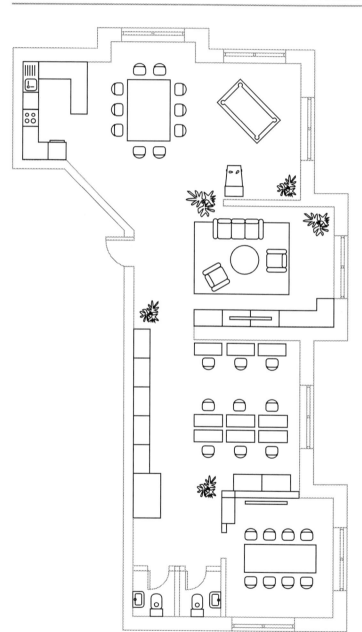

Quelle: Graf Adelmann Q. (2022) Büro heute. Eigene Grafik

Abb. 3.3 Büro heute – Grundriss und Einrichtungsbeispiel, Quirin Graf Adelmann

beschreibt das Metaverse darin als eine Art globale virtuelle Realität, in der Menschen als Avatare herumlaufen [15].

Es ist kein Geheimnis, dass Facebook und Microsoft längst an diesen eigenen virtuellen Welten arbeiten und sie fleißig erproben. Einen Vorgeschmack, wie das virtuelle Arbeiten aussehen kann, haben 75 Mio. Menschen an Silvester 2021 bekommen. So berichtet das manager magazin:

Praxisbeispiel

> Am letzten Tag des Jahres spielte der französische Elektromusiker Jean-Michel Jarre ein komplettes Konzert als Avatar. Während er sich dazu in seinem Studio befand, erlebten die Zuschauer in den sozialen Netzwerken den Auftritt so, als würde er gerade in der Kathedrale Notre-Dame de Paris stattfinden [16].◄

Für die tägliche Arbeitswelt scheinen allerdings die Pläne von Microsoft am relevantesten zu sein. Die häufig genutzte New-Work-Anwendung Teams soll dazu künftig mit der Mixed-Reality-Funktion Mesh kombiniert werden. So werden Teilnehmer einer Teams-Konferenz komplett virtuell miteinander agieren. Die Avatare können dabei sogar die Gestik, Mimik und Sprache ihrer realen Vorbilder übernehmen. HoloLens heißt das Microsoft-Gerät, das es ähnlich wie bei einer Virtual-Reality-Brille ermöglicht, in diese neuen Welten einzutauchen [16] (Abb. 3.4).

Wie kann also heute eine virtuelle Arbeitswelt im Metaverse entstehen, wenn sie doch im Second Life so kläglich gescheitert ist, und wie sähe sie aus? Was hat sich seit Second Life geändert? Zahlreiche Megatrends machen das Arbeiten im Metaverse mittlerweile möglich und verstärken sowie stabilisieren sich gegenseitig. Hier die fünf relevantesten und ihre Auswirkungen auf die Arbeitswelten.

a) *Virtuell ist inzwischen real und wird Mainstream.* Menschen betrachten die virtuelle Welt zunehmend als genauso real wie die physische. Vertrauen ist in der physischen Welt die Grundlage sowohl für das Funktionieren von Unternehmen und Beziehungen als auch für das Funktionieren des Arbeits- und Geldmarkts. Vertrauen machte diese Systeme skalierbar. Wenn nun Vertrauen in der „virtuellen" Welt steigt – mit Online-Freunden, intelligenten Verträgen auf Blockchains, virtuellen Gegenständen und Kryptowährungen – wird das Metaversum breiter einsetzbar als bisher und kommt in der Mitte der Gesellschaft an; es wird Mainstream. Nicht mehr nur Zocker und Gamer sind virtuell. Ganz im Gegenteil: Die Covid-19-Pandemie wirkte mit

**35 % der Deutschen interessieren
sich für das Metaverse/Metaversum und würden es ...**

35% 13% 15% 7%

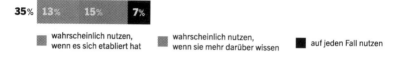

▨ wahrscheinlich nutzen,   ▨ wahrscheinlich nutzen,   ■ auf jeden Fall nutzen
   wenn es sich etabliert hat   wenn sie mehr darüber wissen

**Diese Metaverse-Tätigkeiten
stoßen auf das größte Interesse:**

30%   mit anderen
      kommunizieren

26%   gemeinsam spielen

24%   auf Events wie Konzerte
      und Ausstellungen gehen

17%   gemeinsam Filme
      und Serien schauen

15%   Shoppen

14%   Meetings für die
      Arbeit abhalten

Quelle: game – Verband der deutschen Games-Branche e.V. (2022) Metaverse: Große Neugier auf das Unbekannte.
          www.game.de/metaverse-grosse-neugier-auf-das-unbekannte/
          abgerufen am 01.03.2022

Abb. 3.4 Metaverse: Große Neugier auf das Unbekannte, game (Verband der deutschen
Games-Branche)

Homeoffice-Zwängen weltweit als Katalysator bei der Schaffung von virtuellen Arbeitsverbindungen ohne festen Arbeitsplatz in Branchen, die eben nicht
klassisch Homeoffice ermöglichten. Büronomaden durfte es plötzlich überall
auf der Welt geben und im Unterschied zu den klassischen digitalen Noma-
den, die sich Tätigkeiten und Firmen aussuchten, um arbeiten zu können, wo
andere Ferien machten, ist es etwas ganz Alltägliches.

b) *Low-Code- oder No-Code-Anwendungen* verringern den Arbeitsaufwand bei
der Erstellung von Anwendungen, z. B. zum gemeinsamen Arbeiten oder
zum Erstellen von Metaverse-Inhalten. Ebenfalls steigt die Anzahl der Tools
zum Erstellen von Inhalten massiv. Ein Beispiel von Low Code ist Sho-
pify, der größte Onlineshop-Anbieter der Welt. Hier kann ein durchschnittlich
begabter Mensch an einem Abend bei einer Flasche Rotwein seinen eigenen

Onlineshop erstellen und selbständig und ohne Vorkenntnis damit beginnen, Produkte in diesem Shop zu verkaufen. Zeitaufwendiges und teures Programmieren ist nicht mehr nötig. Arbeitet man als Team, so kann man ortsunabhängig auf die Shopping-Plattform zugreifen. Abermillionen von Verkäufern und deren Kunden setzen dabei unkomplizierte Tools ein, um Produkte professionell zu präsentieren. Der Kunde sieht sich Produkte in virtueller oder erweiterter virtueller Realität in seiner eigenen Kunden-Realität an. Das begeistert und spart Kosten für Rücksendungen. Diese virtuellen Welten selbst werden in virtuellen Welten und Teams entwickelt. Zusatzdienstleister wie Fotografen werden nicht mehr benötigt.

Das Metaverse und dessen Tools werden barrierefrei zugänglich sein. Für den Arbeitsplatz heißt dies, dass im Metaverse ausreichend Tools zur Verfügung stehen werden, um gemeinsam zu arbeiten. Anders als beispielsweise bei einer Zoom-Video-Konferenz, bei der man sich bestenfalls ins 2D-Gesicht schaut, sitzt im Metaverse der eigene Avatar in einem Konferenzraum am Tisch mit anderen Avataren und echten Menschen. Durch VR-Brillen kann man in die Runde blicken und distanz- und ortsunabhängig die Runde tatsächlich erleben. Tools zum virtuellen Teilen von Objekten, Dateien, Bildern, Bauplänen usw. gibt es schon heute zur Genüge. Auch deren Zahl wird stark ansteigen und damit deren Benutzer, die selbst wiederum Inhalte immer einfach erschaffen können.

c) *Maschinelle Intelligenz macht Computer zu Kollegen.* Maschinen übernehmen zunehmend Aufgaben, die früher von Menschen erledigt wurden. Stichworte hierbei sind Deep Learning, maschinelles Lernen und künstliche Intelligenz. Werbebotschaften, Merchandising und Online-Engagement stimmen lernende Algorithmen ab. In der physischen Welt sind wir verlockend nahe an Anwendungen wie autonomen Fahrzeugen. Maschinelle Intelligenz macht Computer zu Mitwirkenden, z. B. am kreativen Prozess. Man braucht sich nur anzusehen, wie AI Dungeon (https://play.aidungeon.io/main/home) Geschichten generiert oder Promethcan AI (https://www.prometheanai.com/) selbst virtuelle Landschaften aufbauen kann. Man stelle sich jetzt vor, wie viel weiter und wie schnell sich die Möglichkeiten in den kommenden Jahren entwickeln werden. Die anschließende Übertragung der technischen Möglichkeiten mit dem Arbeitsplatz hat u. a. zur Folge, dass Computer und maschinelle Intelligenz mehr und mehr unsere Arbeitsinhalte miterschaffen (vorschlagen) könnten und damit ein Arbeiten ohne den Computer als Kollegen schon aus Bequemlichkeit nicht mehr möglich erscheint. Künstliche Intelligenz kann echte Konversationen, Emotionen oder Charaktereigenschaften, die mit denen echter Kollegen abgeglichen sind, erzeugen. Computer befinden sich längst in der Metamorphose zu virtuellen Wesen und sind omnipräsent.

d) **Aufstieg der Kybernetik.** *Das Metaverse wird kein Platz sein, zu dem wir hingehen. Es wird uns umgeben und Platz einnehmen.* Computer rücken näher an unseren Körper heran und sind in Hochgeschwindigkeitsnetzwerken eingebundene Superrechner im Taschenformat. Wir tragen diese bereits am Handgelenk. Bei der Bedienung von Videospielen, der Nutzung von Wearables, bei Beschleunigungsmessern für Handys oder bei VR-Headsets für virtuelle Meetings werden menschliche sensorische und motorische Systeme in Computer integriert. VR-Headsets wie Oculus reagieren auf unsere Augen, Kopfhaltung sowie Gesten und ermöglichen es uns, den virtuellen Raum zu erobern. Wenn jetzt Brillen oder Kontaktlinsen zu Smartglasses werden, kann die uns umgebende digitale (Arbeits-)Welt diese Erfahrung auf einen größeren Teil der uns umgebenden virtuellen Welt übertragen. Aktuell kommunizieren wir per Sprache und Gesten und dank neuronaler Schnittstellen können die Geräte später vielleicht sogar unsere Absichten verstehen – mindestens aber unsere üblichen Gewohnheiten voraussahnen, vielleicht sogar schneller und sicherer, als wir uns selbst kennen. Dies würden wir nutzen, um Fehler im eigenen Handeln zu erkennen und zu vermeiden.

Der Aufstieg der Kybernetik führt also unvermeidlich zu sozialen Veränderungen, die sich direkt auf den Arbeitsplatz auswirken. Die Art und Weise, wie wir Menschen treffen oder an Projekten zusammenarbeiten, verändert sich genauso wie die Organisation unserer Wohnungen/Homeoffices, unserer beruflich genutzten Verkehrsmittel oder wie wir eine (Geschäfts-)Mahlzeit bestellen und verzehren. Wir sitzen realer im virtuellen Konferenzraum oder der virtuellen Kantine.

e) **Realität wird perfekt simuliert und mit der physischen Welt verbunden.** Unsere Computer erzeugen mittlerweile realistische virtuelle Welten. In der Covid-19-Pandemie waren häufig Simulationen der Strömungsdynamik ein Thema in Bezug auf deren Ausbreitung. Diese Simulationen sind in einem interoperablen Rahmen eingebunden, der es ermöglicht, mit Logik und Vorhersage eine Welt aus virtuellen Maschinen, Objekten, Umgebungen und Menschen zu simulieren. Die Daten werden mehr und mehr aus einer exponentiell zunehmenden Zahl von Quellen aus der physischen Welt stammen. Dazu gehören geografische und Verkehrsdaten, digitale Zwillinge der eigenen Person, physische Objekte, die so instrumentalisiert sind, dass sie alle ihre Eigenschaften melden, und Echtzeitdaten über Menschen und Prozesse. Das Internet der Dinge wird zum Internet von allem, ausgestattet mit Analytik, die voraussagt, was passiert, Künstlicher Intelligenz und Echtzeit-Visualisierung. Eine virtuelles 2D-Büro mit Livestream Video-Funktionalität bietet Gather (https://www.gather.town/), einen mehr auf 3D-Grafik ausgerichteten Ansatz zur virtuellen Zusammenarbeit findet man bei Spatial (https://spatial.io/). Kollegen wissen zu jeder Zeit, wer gerade an welchem Thema arbeitet.

Diese Megatrends werden ein Metaversum ermöglichen, das die reale Welt überlagern und vorhersagen kann und gleichzeitig die nächste Generation von Arbeitswelten und Formen der Zusammenarbeit ermöglicht. Das Metaverse wird interoperabler und offener sein als jede andere Computerplattform zuvor und so auch die Zusammenarbeit (Abb. 3.5).

Quelle: Graf Adelmann Q. (2022) Das virtuelle Büro. Eigene Grafik
unter Verwendung mehrere Bilder Freepik.com

Abb. 3.5 Das virtuelle Büro, Quirin Graf Adelmann

3.7   Key Account Management

Für den ersten Eindruck gibt es oft keine zweite Chance. Das gilt ganz besonders für das erste Gespräch mit einem Kunden. Ganz egal, ob virtuell oder analog. Deshalb muss das Zusammenspiel der Kollegen in der hybriden Arbeitswelt abgestimmt sein und das nicht nur situationsbedingt, sondern immer. Mehr denn je rückt der Kunde in den Mittelpunkt. Bei der Kundenzentrierung geht es um die Bedürfnisse des Konsumenten, wobei der Fokus auf das Unternehmen zweitrangig ist, was unter Umständen eine Anpassung bzw. Änderung des Geschäftsmodells bedeuten kann. Denn wenn der Kunde zufrieden ist, stimmt der Absatz bzw. Ertrag. Was bedeutet dieser Ansatz für das Büro der Zukunft? Wenn sich der Mitarbeiter in der Symbiose zwischen Arbeitsplatz und Freizeit wohl fühlen muss, gilt das für den Kunden umso mehr. Er entscheidet, wann und wie er mit dem Unternehmen in Kontakt tritt.

Architektur und Einrichtung des Büros müssen also für den Angestellten sowie den Kunden attraktiv gehalten sein. Wenn Arbeit und Freizeit verschmelzen, spiegelt sich das in der Beziehung zu Kunden wider.

Praxisbeispiel

Eine Unternehmensberatung hat im Laufe der Jahre neben ihrem Kerngeschäft diverse Start-ups gegründet. Die Atmosphäre im Büro ist von jeher locker. Nicht nur die Angestellten verbringen die Mittagspause zusammen oder trinken nach der Arbeit ein Glas Wein an der eigenen Bar im Büro. Diese Leichtigkeit im Alltag zieht immer wieder Kunden an, die oft für einem kurzen Austausch vorbeikommen. Das gemeinsame Projekt steht nur selten im Zentrum der Gespräche. Vielmehr genießen beide Seiten den ungezwungenen Austausch. So entstehen zusätzlich neue Ansätze für künftige Projekte.◄

Literatur

1. Deutscher Bundestag, Drucksache 19/22755 (2020) Kleine Anfrage zu „Bürostandorte und Verwaltungsmitarbeiter der Deutschen Bahn AG". https://dserver.bundestag.de/btd/19/227/1922755.pdf, abgerufen am 24.02.2022
2. Statistisches Bundesamt (2022) Erwerbstätigkeit älterer Menschen. https://www.destatis.de/DE/Themen/Querschnitt/Demografischer-Wandel/Aeltere-Menschen/erwerbstaetigkeit.html, abgerufen am 24.02.2022

3. Pawlik V (2021) Bevölkerung in Deutschland nach Einschätzung der eigenen Englischkenntnisse von 2017 bis 2021. https://de.statista.com/statistik/daten/studie/170896/umfrage/einschaetzung-zu-eigenen-englischkenntnissen/, abgerufen am 24.02.2022

4. Der Tagesspiegel (2020) 35 Prozent der Berliner haben Migrationshintergrund. https://www.tagesspiegel.de/berlin/neue-zahlen-zu-bevoelkerung-in-berlin-35-prozent-der-berliner-haben-migrationshintergrund/25589402.html, abgerufen am 24.02.2022

5. Statista Research Department (2022) Anzahl deutschsprachiger Menschen weltweit. https://de.statista.com/statistik/daten/studie/1119851/umfrage/deutschsprachige-menschen-weltweit/, abgerufen am 24.02.2022

6. MDR (2020) Superheldin Ost-Frau. https://www.mdr.de/geschichte/wer-braucht-den-osten-erwerbsquote-frauen-ost-und-west-102.html, abgerufen am 24.02.2022

7. Bundeministerium für Familie, Senioren, Frauen und Jugend (2015) 25 Jahre Deutsche Einheit. https://www.bmfsfj.de/resource/blob/93168/8018cef974d4ecaa075ab3f46051a479/25-jahre-deutsche-einheit-gleichstellung-und-geschlechtergerechtigkeit-in-ostdeutschland-und-westdeutschland-data.pdf, abgerufen am 24.02.2022

8. Deutsche Bahn (2021) Kennzahlen 2020. https://www.deutschebahn.com/de/konzern/konzernprofil/zahlen_fakten/kennzahlen_2019-6878546, abgerufen am 28.02.2022

9. BNI Deutschland – Österreich (2022) BNI – Das weltweit führende Netzwerk für Kontakte, Empfehlungen und Umsätze. https://bni.de/de/index, abgerufen am 24.02.2022

10. Arbeitnehmerkammer Bremen (2022) Homeoffice, Pendlerpauschale. https://www.arbeitnehmerkammer.de/arbeitnehmerinnen-arbeitnehmer/recht/homeoffice-pendlerpauschale.html, abgerufen am 24.02.2022

11. Statista Research Department (2022) Entwicklung der Nutzung von Homeoffice vor und während der Corona-Pandemie bis 2021. https://de.statista.com/statistik/daten/studie/1204173/umfrage/befragung-zur-homeoffice-nutzung-in-der-corona-pandemie/, abgerufen am 24.02.2022

12. Corona Datenplattform (2021) Themenreport 02, Homeoffice im Verlauf der Corona-Pandemie. Ausgabe Juli 2021, Bonn

13. www.spiegel.de (2013) Professor muss Zimmer mit Kollegen teilen. https://www.spiegel.de/lebenundlernen/uni/urteil-zum-arbeitsplatz-uni-professor-muss-zimmer-teilen-a-917866.html, abgerufen am 24.02.2022

14. www.heise.de (2021) Barbados gründet die erste Metaverse-Botschaft der Welt. https://www.heise.de/news/Barbados-gruendet-die-erste-Metaverse-Botschaft-der-Welt-6274195.html, abgerufen am 24.02.2022

15. Rixecker K (2022) Was ist das Metaverse eigentlich? https://t3n.de/news/metaverse-erklaert-hype-zukunft-1419141/, abgerufen am 27.02.2022

16. Reich H (2021) Mein neuer Kollege, ein Avatar. https://www.manager-magazin.de/unternehmen/buero-meeting-mit-avataren-mein-neuer-kollege-ein-avatar-a-d47deaee-a418-4908-8382-f831a8d1b709, abgerufen am 24.02.2022

Der Arbeitsplatz aus Sicht des Mitarbeiters

4.1 Arbeitsweg und Umweltauswirkung

In der Bundesrepublik kann man jeden gefahrenen Kilometer Arbeitsweg mit 0,30 EUR bzw. ab Kilometer 21 mit 0,35 EUR steuerlich als Entfernungspauschale geltend machen. Regelungen zu Aufwendungen vom und zum Arbeitsplatz sind in Deutschland sehr breit und detailliert. So kann man mit einer 1-%-Regelung seinen Dienstwagen privat nutzen und Tankrechnungen absetzen. Es gibt inzwischen sehr ausgeklügelte Software zur Messung jedes Bewegungsmeters und zur Vereinfachung der entsprechenden Reisekostenabrechnungen nebst zustehenden Zuschlägen für Essen und Übernachtung. Ein preußischer Angestellter hatte sich höchstrichterlich um 1900 den Aufwendungsersatz erstritten, der daraufhin seit 1920 im Einkommensteuergesetz (EstG) verankert ist. Umweltverbände kritisieren seit Jahrzehnten, dass die steuerlich absetzbaren Aufwendungen geradezu motivieren würden, sich mit dem Auto zu bewegen. Sie behaupten, dass gut 4 Mio. t CO_2-Ausstoß eingespart werden könnten, wenn man die sogenannte Pendler-Pauschale streichen würde. Volkswirte kritisieren seit vielen Jahren die negativen Effekte auf Familie und Produktivität jedes Einzelnen durch lange Fahrtwege von Wohn- zu Arbeitsort. Weiterhin gibt es Studien darüber, dass angeblich 17 min Sitzen einen Tag Leben reduzieren würde. Im Auto sitzt man – in der Bahn wohl auch. Letztes dürfte sicherlich ebenfalls im Homeoffice unverändert sein.

Ein durchschnittlicher Arbeitnehmer setzt heute jährlich 1000 EUR von seiner Einkommensteuer ab. Die seit Jahrzehnten geführte Diskussion, ob es sich bei der Pendler- oder Entfernungspauschale um eine Subvention handelt, könnte sich jedenfalls durch Einsparung von Fahrwegen mit neuer Definition des Arbeitsortes erübrigen. Gerade in Ballungszentren, aber auch auf dem Land könnten sich

Q. Graf Adelmann v. A. und S. König, *Das neue Büro nach Covid-19*, essentials, https://doi.org/10.1007/978-3-658-37787-8_4

mit Wegfall des wochentäglichen Arbeitsweges die negativen Auswirkungen auf die Umweltgüter Klima, Luft, Boden, Wasser und Artenvielfalt verringern und den Rohstoffverbrauch (Rohstoffe für fossile Mobilität werden überdies nicht in Deutschland gewonnen) erheblich abgesenkt werden. Das Statistische Bundesamt schätzt 18,4 Mio. Berufstätige, die das Auto für den Arbeitsweg nutzen. Auf diese Weise schätzt das Bundesfinanzministerium eine jährliche Entlastung von 5,1 Mio. EUR für 11,6 Mio. Steuerpflichtige [1].

Rechnet man die 440 EUR pro Kopf auf die 0,30 EUR pro gefahrenen Kilometer zurück, kommt man allein bei den Steuerbegünstigten auf jährlich gefahrene 16,8 Mrd. Fahrkilometer. Knapp die Hälfte aller Berufstätigen nutzt also das Auto auf dem Weg zur Arbeit. Wenn der Gesetzgeber hier nicht zusätzlich zu den einleitend genannten Anforderungen eingreift, kann doch die Denkumstellung angesichts solcher Zahlen zum Arbeitsweg einsetzen. Auf dem Land könnte man auf Fahrtwege zumindest teilweise verzichten, in der Stadt nahe am Arbeitsort wohnen, um keine langen Wege mehr zu haben. Die technischen Möglichkeiten sind hierzu in der Corona-Pandemie aufgezeigt worden. Gleichwohl spannend wird wiederum, wie sich Städte und soziale Gemeinschaften in Kiezen entwickeln würden, wenn sich „Work" und „Life" nur in einem Radius von 2 km bewegen. Das ist aber ein anderes Thema.

4.2   Flexible Arbeitszeiten

Da sitzt der frisch gebackene Betriebswirt vor dem Personalbearbeiter einer weltweit tätigen Unternehmensberatung und traut sich – nachdem das Gehalt verhandelt ist – doch die Frage nach der Arbeitszeit zu stellen. „Bei uns haben Sie einen Acht-Stunden-Tag", sagt der Personaler mit einem Schmunzeln. Die Entspannung ist dem künftigen Junior-Berater anzusehen. Sein Gegenüber fügt an: „Von 8 bis 8 Uhr." Die Reaktion seines Gegenübers ist ein gequältes Lächeln. Eine von vielen Anekdoten, die sich zum Thema Arbeitszeit finden lässt. Dies zeigt indes, mit welcher Selbstverständlichkeit manche Unternehmen von ihren Angestellten maximale Flexibilität und Einsatz fordern. Die Arbeitszeit ist von jeher ein heikles Thema und neben dem Gehalt das wichtigste eines Arbeitsvertrages. Im Gegensatz zur Kernarbeitszeit, in der die Angestellten verfügbar sein müssen, hat sich in den vergangenen Jahren das Modell der flexiblen Arbeitszeit stetig verbreitet (Abb. 4.1).

Beschäftigte können innerhalb eines gewissen Rahmens, den sogenannten Gleitzeitspannen, Arbeitsbeginn und Arbeitsende selbst festlegen. Eine flexiblere Ausgestaltung der Arbeitszeit ist gerade in Corona-Zeiten für viele Erwerbstätige

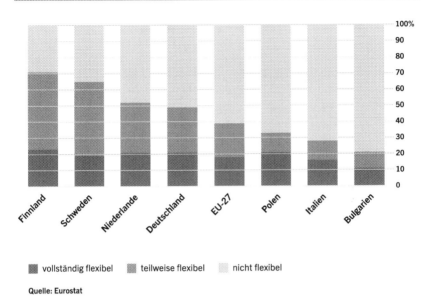

vollständig flexibel   teilweise flexibel   nicht flexibel

Quelle: Eurostat

Abb. 4.1 Flexible Arbeitszeiten in Deutschland und der EU (2019), Statistisches Bundesamt,   https://de.statista.com/statistik/daten/studie/1232945/umfrage/erwerbstaetige-mit-flexiblen-arbeitszeiten-in-der-eu/

wünschenswert beispielsweise angesichts zeitweise geschlossener Schulen und Kindergärten. Vor Ausbruch der Pandemie im Jahr 2019 gab nahezu jede zweite erwerbstätige Person zwischen 15 und 74 Jahren in Deutschland den Wunsch an, sich ihre Arbeitszeit flexibel einteilen zu können. 21 % konnten komplett frei über ihre Arbeitszeit verfügen, weitere 28 % zumindest teilweise. Damit müssen sich Angestellte in Deutschland seltener nach vorgegebenen Arbeitszeiten richten als in anderen Staaten der Europäischen Union. Im EU-Durchschnitt war zuletzt für 61 % die Arbeitszeit durch Arbeitgeber oder andere Regelungen vorgegeben. Nur 18 % konnten völlig frei über Beginn und Ende der eigenen Arbeitszeit entscheiden, 21 % zumindest teilweise [2].

4.3   Vermischung von Privat und Beruf

Auch heute findet man noch den einen oder anderen Betrieb, in dem Wohnung des Unternehmers und Werkstatt in einem Haus vereint sind. Das ist allerdings mittlerweile die Ausnahme. Die Trennung zwischen privat und Beruf ist offensichtlich. Man muss sich nur einmal die Pendlerströme ansehen. Fast die Hälfte aller Pendler ist zwischen 10 und 30 min einfach für die Fahrt zur Arbeit unterwegs [3].

Das war nicht immer so: Den wohl verdienten Feierabend konnte in der Vergangenheit höchstens das Klingeln des Telefons stören. Das Internet war noch nicht erfunden und das Telefonieren von jedem Platz der Welt aus nicht vorstellbar. Die Vermischung von Arbeit und Privatleben war also schon allein technisch kaum möglich. Freilich konnte man Akten daheim bearbeiten oder Termine für den nächsten Tag vorbereiten. Was fehlte, war die permanente Erreich- und Verfügbarkeit. Mit dem Einzug der Digitalisierung war diese Trennung oft nur schwer zu vollziehen. E-Mails und Termine lassen sich längst via (auch für den Privatgebrauch zur Verfügung gestelltes) Notebook und Smartphone bearbeiten. Nicht selten passiert dies daheim, während die Familie beim Abendessen sitzt. Das Verschwimmen der Grenzen zeigt sich darüber hinaus an anderer Stelle. Im Juni 2020 waren 60 % der TeilnehmerInnen einer Umfrage des Wirtschafts- und Sozialwissenschaftlichen Instituts der Hans-Böckler-Stiftung voll und ganz bzw. eher der Ansicht, dass im Homeoffice die Grenzen zwischen Arbeit und Freizeit verschwimmen. 77 % der Befragten stimmten überdies der Aussage voll und ganz oder zumindest eher zu, dass das Arbeiten von daheim aus die Vereinbarkeit von Job und Familie erleichtert [4].

Der Begriff Work-Life-Balance scheint mittlerweile unpassend, da es nicht mehr darum geht, ein optimales Gleichgewicht zwischen Berufs- und Privatleben zu schaffen. Das Ziel ist vielmehr, eine perfekte Symbiose zwischen den beiden Lebensbereichen zu kreieren, da sie sich sowieso nicht mehr klar voneinander trennen lassen. Arbeit und Freizeit verschwimmen zunehmend ineinander. Oder um es einfach zu formulieren: Es gibt nur das eine Leben und dieses besteht eben aus Arbeit *und* Freizeit. Früher praktisch, mittlerweile Teil der Unternehmensphilosophie, wenn man im Büro mit den Kollegen nach/während der Arbeit Raum hat, sich ungezwungen auszutauschen. Dazu bedarf es indes neuer räumlicher Konzepte – die Reinigung, der Lebensmittelladen, der Friseur in einem Gebäude, das mag sich oft so ergeben haben. Nun steht indes das konkrete Bedürfnis im Mittelpunkt. Deshalb gehen die Planungen des optimalen Gebäudes weiter. Kindergarten, Arzt, Physiotherapeut, Konferenzräume, Fitnessstudio etc. – die Bedürfnisse der Angestellten spiegeln die Anforderungen an ein modernes

Gebäude wider. Bei allen Anforderungen bleibt das Büro als Ort der Begegnung und des Austauschs erhalten.

Literatur

1. Budras C, Schäfers M (2021) Muss die Pendlerpauschale weichen? https://www.faz.net/aktuell/wirtschaft/pendlerpauschale-klimaschuetzer-wollen-fuer-die-abschaffung-sorgen-17618436.html, abgerufen am 24.02.2022
2. Statistisches Bundesamt (2021) Pressemitteilung Nr. N 026 vom 30. April 2021. https://www.destatis.de/DE/Presse/Pressemitteilungen/2021/04/PD21_N026_13.html, abgerufen am 24.02.2022
3. Statistisches Bundesamt (2022) Erwerbstätige nach Stellung im Beruf, Entfernung, Zeitaufwand und benutztem Verkehrsmittel für den Hinweg zur Arbeitsstätte 2020 in %. https://www.destatis.de/DE/Themen/Arbeit/Arbeitsmarkt/Erwerbstaetigkeit/Tabellen/pendler1.html, abgerufen am 27.02.2022
4. Statista Research Department (2020) Verschwimmen Ihrer Ansicht nach im Homeoffice die Grenzen zwischen Arbeit und Freizeit? https://de.statista.com/statistik/daten/studie/1196166/umfrage/umfrage-zum-verschwimmen-der-grenze-zwischen-arbeit-und-freizeit-durch-homeoffice/, abgerufen am 27.02.2022

Wettbewerbsvorteil: Standort und Raum

5

5.1 Arbeitsplatz als Qualitätsmerkmal und Entgeltbestandteil

Jahrzehntelang war der Arbeitnehmer zufrieden, wenn sein Gehalt pünktlich überwiesen wurde und der Arbeitsplatz sicher war. Gerade in Konzernen konnte man es als Angestellter nur schwer vermeiden, im Laufe der Jahre auf der Gehaltsskala nach oben zu rutschen, meist ohne größere Verantwortung übernehmen zu müssen. Ganz anders heute. Da reicht es als Arbeitgeber oft nicht mehr aus, nur ein faires Gehalt zu zahlen und die Sicherheit innerhalb der Branche zu vermitteln. Zusatzleistungen wie ein Firmenwagen oder Obst und Getränke am Arbeitsplatz sind gerne gesehen, aber viele erwarten inzwischen mehr. Der Traum von der Erfüllung in Job und Privatleben ist allgegenwärtig. Eine Möglichkeit, dies zu ermöglichen: Man bietet seinen Mitarbeitern die größtmögliche Flexibilität. Diese erlaubt einen individuellen Rahmen, in dem sich Stabilität, Sinn und Wachstum gestalten lassen. Möglichkeiten, dies zu gewährleisten, sind zum Beispiel flexible Arbeitszeiten sowie Angebote, den Arbeitsort je nach persönlicher Situation selbst zu wählen.

Eine auf Statista veröffentlichte Studie [1] unterstreicht dies. Für Frauen sind ein gutes Arbeitsklima (46 %) und Spaß/Erfüllung (41 %) die wichtigsten Erwartungen, die sie an ihren Arbeitsplatz stellen. Knapp dahinter auf Platz 3 und 4 folgen die Work-Life-Balance (36 %) und ein attraktives Einstiegsgehalt (33 %). Die Männer bewerten zwar auch Arbeitsklima und Spaß/Erfüllung als die wichtigsten Kriterien, jedoch steht bei ihnen Spaß/Erfüllung mit 48 % vor dem Arbeitsklima (34 %). An dritter Stelle folgt ein attraktives Einstiegsgehalt (33 %) und an vierter die Chance auf ein hohes Einkommen in der Zukunft

Q. Graf Adelmann v. A. und S. König, *Das neue Büro nach Covid-19*, essentials, https://doi.org/10.1007/978-3-658-37787-8_5

(28 %). Corona hat dazu geführt, dass das Büro das Monopol auf das Wissen verloren hat. Kollegen müssen sich nicht mehr real treffen und in Meetings sitzen, denn das passiert größtenteils remote. Für die oben erwähnten Bedürfnisse kann das ein Problem sein. Die Erwartungen an den Arbeitgeber haben sich dadurch geändert. Permanente Präsenz im Büro ist Vergangenheit. Dennoch wollen Beschäftigte Beruf und Privat mehr denn je miteinander verbinden. Es geht also darum, das Privatleben nach den eigenen Vorstellungen möglichst nah am Arbeitsort zu haben.

Praxisbeispiel 1

Ein Start-up mit einer vielversprechenden Idee im Bereich HealthTech sucht Entwickler für sein Produkt. Ein Investor aus Ingolstadt versucht, das Start-up im Wettbewerb zu München und Berlin in einem neugebauten hippen Büro zu installieren. Dies sei vorweggenommen: Es gelang dem Unternehmer trotz hippen Büros und um 30 % höherer Gehälter nicht, Entwickler zu akquirieren. Die Ressourcen an Abiturienten sind bereits mit 551 in Ingolstadt im Vergleich zu Berlin (12.300) oder München (4000) deutlich niedriger [2]. München hat außerdem rund 138.000 und Berlin gut 202.000 Studierende.◄

Praxisbeispiel 2

Ein Spediteur mit Sitz an einem Autobahnkreuz nahe Nürnberg findet keine Auszubildenden, obwohl der Beruf des Speditionskaufmanns hoch dotiert ist. Gerade junge Menschen wollen aber ohne Familie nicht im ländlichen Raum wohnen und keine langen Arbeitswege zurücklegen.◄

5.2 Lebensraum als Gesamtheit, Ausstattung, Makro- und Mikrolage

Es wird selbstredend einen erheblichen Unterschied machen, wo die Bürostandorte der Zukunft bzw. die heutigen Standorte sind. Manche Unternehmen haben ihren Geschäftssitz seit jeher an Orte verlegt, an denen die Mitarbeiterkosten niedriger sind. Logisch, wenn beispielsweise ein Unternehmen wie Eventim seinen Standort in München oder Hamburg hätte, müsste es standortangepasste Löhne entrichten, um gut 500 Buchhalter zu beschäftigen, die wiederum höhere Mieten in jenen Städten zahlen müssen. Wenn bei 500 Beschäftigen 2000 EUR monatlich pro Person eingespart werden, bedeutet dies 1 Mio. EUR Fixkostensenkung pro Monat. Eventim sitzt möglicherweise auch deshalb in Bremen. Ähnliches kann man bei unterschiedlichen Banken feststellen. Wenn die Landesbank Hamburg den Kundenempfangsbereich in Hamburg repräsentativ hält, sitzen die Risikomanager und Verwalter beispielsweise in Kiel. Gleichzeitig müssen Standorte attraktiv genug sein, um die Ressourcen überhaupt akquirieren zu können.

Nehmen wir Berlin. Die Landesförderbanken von Brandenburg und Berlin (ILB, IBB) geben Start-ups unterschiedliche Fördermittel wie Gründerboni und Profit-Programme. Das Land Brandenburg versucht, Firmen anzusiedeln, gleichwohl mit mäßigem Erfolg. Denn die Firmen müssten entsprechend mindestens in Potsdam sitzen. Nun wollen junge Back-End- oder Front-End-Entwickler in Berlin-Mitte oder Berlin-Kreuzberg und nicht in Potsdam arbeiten. Da helfen auch höhere Gehälter und schicke Büros nichts. Das Büroumfeld mit der jederzeitigen Option, schick jeden Geschmacks nach der Arbeit essen zu gehen, Cocktails zu trinken, andere Leute zu treffen u. ä. muss infrastrukturell nah am Freizeitwert der Mitarbeiter sein. Deshalb suchen sich Unternehmen Standorte aus, die entsprechende Infrastrukturen bieten, obwohl die jeweiligen Büromieten dann schnell dreimal so hoch sind wie zwei Stadtbezirke weiter.

Noch vor wenigen Jahrzehnten sind ganze Bürostädte entstanden, die günstigere Kosten bedeuten und neben den Büromieten ebenfalls Gewerbesteuerlasten absenken sollten, z. B. Eschborn direkt neben Frankfurt am Main. Große Unternehmen wie Banken, Versicherungen und Unternehmensberatungen sind in solche gut erreichbaren Massenbürogebäude umgezogen bzw. solche Gebäude sind extra für Single-Tenant-Nutzer erstellt worden. Die Infrastruktur, also die Erreichbarkeit nach Eschborn und Co., ist gut, eine große Stadt nahe und man konnte mit seiner Familie auf dem Land wohnen. Man muss sich nur die Fernsehserie „Stromberg" ansehen, um eine Vorstellung dortiger Arbeitsplätze zu gewinnen.

In der Bundesrepublik haben wir gut 34 Mio. sozialversicherungspflichtig Beschäftigte. Allein im Finanzdienstleistungssektor arbeiten gut 1 Million Menschen. Weitere 5 Mio. Menschen arbeiten in freien und sonstigen Dienstleistungen. Was passiert wohl, wenn in den kommenden 5 Jahren gut die Hälfte aller Arbeitsplätze neu organisiert wird, weil Leistungen entweder im Ausland erbracht oder Aufgaben von Bestandsmitarbeitern von daheim aus erledigt werden? Abgesehen von den Einsparungen von Arbeitswegen zu Gunsten des Klimaschutzes werden viele Städte grundsätzlich verändert. Immobilien stehen plötzlich wie Arbeitgeber zu Attraktivität des Standortes im Wettbewerb zueinander. Die guten Lagen werden intensiv beworben.

In Berlin werden mit 178 bis 500 Gründungen jährlich am meisten Start-ups ins Leben gerufen [3]. Gut 80.000 Menschen arbeiten für diesen [4].

Praktisch sämtliche dieser Jungfirmen befinden sich entweder im direkten Stadtzentrum oder in Special Hubs wie in Berlin-Adlershof (Technologiepark) oder in Berlin-Buch (BioTech). Die Mitarbeitenden wohnen wiederum möglichst nah am Unternehmen. Das größte Potential eines neuen Unternehmens sind die Mitarbeitenden und damit ist die größte Gefahr die des Fachkräftemangels für die Existenz des Unternehmens [5]. Bei vergleichbaren Tätigkeiten und Angeboten in zentralen Lagen wechselt ein Arbeitnehmer schnell mal nach 18 bis 30 Monaten seinen Arbeitgeber und nimmt das Know-how mit, auch dann, wenn er am Unternehmen durch virtuelle Anteile beteiligt ist [6]. Deshalb ist der Arbeitsplatz ein wichtiger Faktor zur Gewinnung und Bindung eines Mitarbeiters.

Literatur

3. Statista Research Department (2020) Wie wichtig sind die Kriterien bei der Wahl Ihres zukünftigen Arbeitgebers? https://de.statista.com/statistik/daten/studie/181885/umfrage/kriterien-fuer-die-wahl-des-arbeitgebers/, abgerufen am 27.02.2022
2. Donaukurier (2020) Das etwas andere Abitur. https://www.donaukurier.de/lokales/ingolstadt/Covid-19-Das-etwas-andere-Abitur;art599,4622786, abgerufen am 24.02.2022
4. Statista Research Department (2022) Startup-Neugründungen in Deutschland nach Bundesländern im 3. Quartal 2021. https://de.statista.com/statistik/daten/studie/1117030/umfrage/startup-neugruendungen-nach-bundeslaendern/, abgerufen am 24.02.2022
1. Buntrock T (2020) Berliner Start-ups schaffen 19.000 neue Jobs. https://www.tagesspiegel.de/berlin/hauptstadt-der-jungunternehmen-berliner-start-ups-schaffen-19-000-neue-jobs/25530848.html, abgerufen am 28.02.2022
5. Stumpf M (2019) Digitalisierung und Kommunikation, Europäische Kulturen in der Wirtschaftskommunikation. Springer Fachmedien Wiesbaden GmbH, S. 470 ff
6. Wirminghaus N (2017) Warum es für Startups gefährlich ist, wenn Mitarbeiter ständig kommen und gehen. https://www.businessinsider.de/gruenderszene/allgemein/zew-studie-mitarbeiter-fluktuation-startups/, abgerufen am 24.02.2022

6.1 Interdisziplinärer Austausch von Strategie und Information

Menschen sind unterschiedlich. Strategien und Auftritt von Unternehmen ebenfalls – und zwar unabhängig von deren Berufsgruppe. Die Frage ist also, wie eine Unternehmenskultur sowie die Strategie auf alle Beschäftigten übertragen werden können bzw. wie viel Zeit diese offline zusammen sein müssen, um die Umsetzung und Einhaltung einer solchen Strategie sicherstellen zu können. Neue Team-Mitglieder müssen immer wieder entsprechend integriert und trainiert werden.

Aus diesem Grund wird der Arbeitsplatz nicht verschwinden und rein digital werden. Schließlich bedarf es weiterhin des Team-Buildings sowie der Kontrolle des Teams. Klassisch kann man dies in Call-Centern sehen. Auch wenn die strategischen Entscheider an anderen Orten sitzen als das Team, das beispielsweise die Vertriebsaktivitäten in einem günstigeren Büro durchführen: letztlich benötigen alle Mitarbeiter*Innen die Kommunikation und Information, um eine strategische Ausrichtung des Unternehmens oder der Kunden zu erfahren und umzusetzen.

6.2 Selbstkontrolle der Leistungsinhalte und Qualität

Nicht zuletzt durch die Pandemie haben sich in vielen Unternehmen Arbeitsprozesse und -methoden geändert. Agilität ist vieler Orten der Schlüssel, um die Tür in die neue Arbeitswelt aufzuschließen. Das bedeutet eine weitgehend hierarchielose Organisation, die sich selbst immer wieder den Anforderungen anpasst und im Always Beta-Modus lebt. Einerseits werden Arbeitsprozesse automatisiert und

Q. Graf Adelmann v. A. und S. König, *Das neue Büro nach Covid-19*, essentials, https://doi.org/10.1007/978-3-658-37787-8_6

damit vereinfacht, andererseits arbeiten die Menschen zeit- und ortsunabhängig und verknüpfen Arbeit und Leben so eng miteinander, dass sie qualitative Freiräume haben, Inhalte selbst zu gestalten. Einen großen Schwachpunkt in diesem Bereich sieht man zudem gesellschaftlich an vielen Beispielen. Der Mensch liest beispielsweise nur Nachrichten aus Quellen, die ihm wohlgesonnen bzw. genehm sind. Außerdem ist sichtbar, dass nur noch Routine abgespult wird, d. h., dass nur 3 bis 5 Medien genutzt werden. Wir sehen das ebenfalls in der Politik. Sich mit Ansichten auseinanderzusetzen, die politisch fern sind, ist hierbei besonders ausgeprägt. Wenn also die Linke oder die AfD die gleiche Meinung zu einem Standpunkt haben, gilt es als verpönt, weil sie von einer vermeintlich falschen Seite geäußert wird. Man darf sich nicht einmal gemeinsam mit einem politischen „Feind" sehen lassen.

Vergleichbar beobachten wir bei uns selbst, dass wir Meinungen haben, die in unserer Idealwelt der Realität oder Vernunft entsprechen müssten, aber einfach anders sind. Wir lesen also Zeitungen, die unserem Gesellschaftsbild entsprechen, und steigern uns in diese hinein. In Netzwerken ist das ähnlich. Wir bilden unsere eigenen Freundeskreise und grenzen uns deutlich von anderen Lebensweisen ab. In einem Unternehmen haben sicherlich alle Angestellten eine Art Flaggentreue und folgen fast religiös den Ansichten ihrer Arbeitgeber. Mit der Abkoppelung von der zentralen Präsenzüberwachung allerdings verändern sich deshalb automatisch die Leistungsinhalte eines jeden Mitarbeitenden.

Praxisbeispiel

In einem eigenen Unternehmen im Bereich Start-up durften alle Mitarbeitenden von Herbst bis Winterende in der Pandemie sechs Monate lang im Homeoffice alle Aufgaben erledigen. Eine Führungskraft hatte sich dafür entschieden, diese von einem angenehm temperierten Ort im Süden Europas aus zu erledigen. Die Führungskraft hatte gerade erst die Position im Bereich Produktentwicklung von einer älteren Mitarbeiterin übernommen. Nach Ablauf der sechs Monate ging es um die Frage, ob weitere Verantwortungsbereiche übergeben werden könnten und das Gehalt angepasst werden sollte. Tatsächlich befand man anhand objektiver Merkmale, dass sich die Leistungsbereiche der Kreativität und Kommunikation mit anderen Bereichen sowie die Leistungsfähigkeit hinsichtlich Tiefenarbeitung verschlechtert hatten.◄

Auch zur Mitarbeiterbewertung haben sich zahlreiche Software-Hersteller Methoden der Objektivierung ausgedacht, teilweise mit psychologischen Studien, die zudem ermitteln sollen, welche Potentiale bei Mitarbeitenden bisher nicht ausgeschöpft wurden. Man kann darüber denken, was man will. Was abseits der realen Kommunikation fehlt, ist die Silo-übergreifende Kommunikation mit anderen Abteilungen und Bereichen, zum einen, um die Einsatzbereitschaft zu vergleichen und zum anderen, um zu erfahren, welche möglichen Schwächen eigene Ideen in der Umsetzung oder beim Kunden haben. Denn wenn man als Vorgesetzter nur mit seinen nachgeordneten Team-Mitgliedern spricht, bekommt man vielleicht Feedback über Kommunikation, Höflichkeit und Anspruch. Es fehlt aber die Außenwelt innerhalb des Unternehmens, die in der Sofortreaktion und Geschwindigkeit nur offline vorhanden sein kann. Bleibt man also zu lange vom Gesamtteam oder Kunden abgekoppelt, baut man sich seine eigene Welt, die automatisch Leistungskontrollen und damit die Selbsteinschätzung so erschweren, dass der Realitätsschock zu einem Bruch mit dem Arbeitgeber führen kann.

Schon in den 90er Jahren ist als Bestandteil des Qualitätsmanagements von Unternehmen nach der 1986 geschaffenen DIN ISO 9001 die Mitarbeiterbefragung etabliert worden. Mitarbeiterzufriedenheit steigert also deren Leistungsfähigkeit und Selbstreflektion [1]. Natürlich wird man Mitarbeiterbefragungen weiter ausfeilen können und durchführen. Wenn die Rücklaufquote bei mehr als 70 % liegt, gilt sie als erfolgreich. Nur wenn die Selbsteinschätzung zusätzlich von anderen Bereichen der Belegschaft kommt, wird sich eine eigene Aussage über die Leistungsfähigkeit nachhalten lassen. Nur von Kollegen erhält man sofortiges Feedback, wenn man zu langsam, zu schlampig, zu unverständlich oder schlichtweg zu wenig kreativ war oder am Thema vorbei gearbeitet hat. Im ersten Schritt durch Mimik und im zweiten durch sofortige Aussprache, die nicht mit WhatsApp, Slack oder E-Mail gleichzusetzen ist – jedenfalls nicht, wenn mehrere Bausteine einer Einschätzung von Belang sind. Deshalb wird für die Selbsteinschätzung die Chance genommen, seine eigene Leistung effizienter oder sonst besser zu machen, wenn es kein gemeinsames Büro in einem Team mehr gibt, zu dem Austausch möglich ist.

6.3   Monopol der Wissensvermittlung

Corona hat im Workflow der Mitarbeiterkommunikation die Regeln verändert. Die Hoheit über das Wissen in Bezug auf Projekte und Soziales lag im Büro, die Pandemie hat gezeigt, dass die Hoheit über das Wissen nicht mehr allein in der analogen Welt zu finden ist. Dieser Trend wird sich auch fortsetzen, wenn man die Umfrage von Statista und Slack in Abb. 6.1 betrachtet.

Gerade bei kreativen Anforderungen erweist sich das Remote-Arbeiten als schwerfällig. Ein situatives Brainstorming mit den Kollegen lässt sich zwar über Konferenztools abhalten, ob das Ergebnis indes zufriedenstellend ist, ist eine andere Frage. Das vorherige Praxisbeispiel der Führungskraft im warmen Süden zeigt die neue Komplexität sehr gut. Auf der einen Seite ist es wichtig, dass der

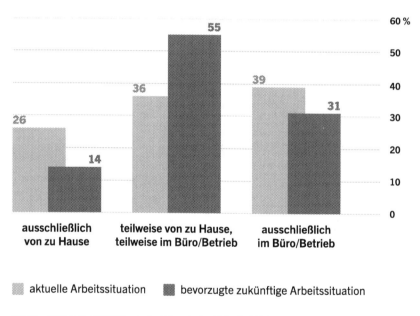

Quelle: Brandt M. (2021) Deutsche Büroarbeit soll flexibel bleiben.
          de.statista.com/infografik/25243/umfrage-zu-home-office-in-deutschland/
          abgerufen am 01.03.2022

Abb. 6.1 Deutsche Büroarbeit soll flexibel bleiben, Brandt M., https://de.statista.com/inf ografik/25243/umfrage-zu-home-office-in-deutschland/

Angestellte sich selbst verwaltet, Eigeninitiative zeigt und nicht nur auf Anweisungen aus dem Büro wartet. Auf der anderen Seite müssen Führungskräfte Präsenz und Mikromanagement durch Vertrauen und regelmäßige Kommunikation ersetzen. Dass dieses Unterfangen leichter klingt, als in der Tat umzusetzen ist, zeigt eine Anekdote, die sich während der Pandemie bei einem Großunternehmen zugetragen hat: Dort telefonierte ein Abteilungsleiter sein Team jeden Tag mehrmals ab, um deren Präsenz vor dem Bildschirm zu kontrollieren.

Literatur

1. Hans-Böckler-Stiftung (2002) Arbeitspapier 54: Mitarbeiterzufriedenheit. https://www.boeckler.de/pdf/p_arbp_054.pdf, abgerufen am 25.02.2022

Eine der zentralen Fragen im Verhältnis zwischen Arbeitgeber und Arbeitnehmer ist, wer Eigentümer des Know-hows im Unternehmen und wie dieses einzusetzen ist. Solche Regelungen werden im Arbeitsvertrag getroffen sowie gesetzlich bzw. durch die Rechtsprechung fortgebildet. Datenschutz, Umgang mit Equipment, Umgang mit Erfindungen des Angestellten und nachvertragliche Wettbewerbsverbote unterliegen laufenden Anpassungen. Allein die sehr strengen Regularien zu Datenschutz und Vertraulichkeit wurden im letzten Jahrzehnt deutlich verschärft. In bestimmten Bereichen der Wissenschaft und Kultur ist die Frage der Datenfreiheit durch ein gesondertes Gesetz geregelt (Wissenschaftszeitvertragsgesetz).

Die technischen Möglichkeiten, Personal auszustatten, haben sich deutlich verändert. Noch vor 15 Jahren mussten alle im Unternehmen Arbeitenden im Büro sein, um sich dort mit Informationen und Unterlagen zu versorgen. Anfang der 2000er, mit dem Beginn des Trends, dass jedes Unternehmen eine Website hatte und Angestellten eine eigene E-Mail-Adresse einrichtete, die wiederum erstmals neben dem Telefon die direkte Kommunikation zwischen Außenwelt und Firma ermöglichte, arbeiteten schon sehr viele Mitarbeiter mit den technischen Neuerungen. Die hier gewonnenen Daten und Informationen waren auf PCs abgelegt, die im Unternehmen verblieben. Regelmäßig wurden die Daten hierauf gesichert und auf CDs und DVDs abgelegt. Anfang der 2000er Jahre sind Computer durch die flächendeckende Einführung leistungsstarker Laptops mobil geworden. Die mobilen Rechner gewannen im Laufe der Entwicklung plötzlich vergleichbar viel Speicherkapazität wie übliche PCs. Der Datenaustausch erfolgte über USB-Sticks sowie interne und externe Netzwerke – und damit schon nicht mehr ausschließlich im Unternehmen. Allerdings waren die Datenmengen noch gering. Es bedurfte also eines weiteren Schrittes, um gewonnene Erkenntnisse vom Mitarbeiter zum

Unternehmen zu transferieren. An manchen Stellen konnten Mitarbeiter dann ihre eigenen Devices einsetzen (BYOD = bring your own device).

Neben dem klassischen Faxgerät entwickelte sich der Scanner zu einer weiteren technischen Neuerung der 90er Jahre, mit dem plötzlich bedrucktes Papier in Daten umgewandelt und digital abgelegt werden konnte. Heute werden Faxgeräte nur noch behördlich verwendet. Es ist so weit, dass IT-Dienstleister so starke Rechenkapazität geschaffen haben, dass sie die Datenaufbewahrung (Speicherung) Dritten anbieten. 1967 hatte IBM das Teilen von Computerleistung bereits angeboten. Man muss dabei wissen, dass die erste E-Mail 1971 versendet wurde. Cloud Computing nannte es die Firma Compaq 1990 in einem Businessplan. Als breiten Durchbruch kann man die Amazon Web-Angebote (auch bekannt unter AWS) von 2002 bezeichnen. Gedacht war die Rechenleistung für Amazon selbst; freie Speicherkapazitäten wurden an Dritte vermietet. Seit 2006 bietet Amazon die Nutzung der dortigen Rechenleistungen Dritten an. Bekannt dürfte auch das Unternehmen Dropbox sein, das nichts anderes macht, als Speicher für jedermann und jedes Unternehmen anzubieten und mit entsprechenden Features wie Suchfunktionen, Weiterleitung durch Verlinkung usw. anzubieten (seit 2007). Indessen kann man Daten verarbeiten, ohne sie an eine Cloud weiterleiten zu müssen (Edge Computing) und jetzt spricht man von Machine Learning und Serverless Computing.

Letztlich liegen die Vorteile einer Cloud auf der Hand: Man benötigt keine eigenen Server-Strukturen und kann auf IT-Mitarbeiter, die diese Server warten, verzichten. Für unser Thema führen die Details zu weit. Trotzdem bleibt die Frage: Wenn die technischen Möglichkeiten so schnell das mobile Arbeiten ermöglichen, wie kann der Unternehmer das Know-how im Unternehmen behalten und schützen?

Kleinere Unternehmen haben keine eigenen Rechtsabteilungen, anhand derer sie den Schutz des Know-hows vorhalten und überwachen könnten. Bisher scheint jedenfalls selten das Streit-Thema zwischen Arbeitgeber und Arbeitnehmer die Verletzung geistigen Eigentums in Firmen zu sein. Es geht also um die technischen und inhaltlichen Möglichkeiten, Wissen im Unternehmen zu behalten bzw. vor Verlassen des Mitarbeiters zu sichern. Die oben genannten technischen Möglichkeiten erlauben die systemische Zentralisierung und Überwachung von unternehmerischen Daten ohne IT-Experten. Neben den arbeitsvertraglichen Vereinbarungen werden in Deutschland noch immer gut 67.000 Patentanmeldungen jährlich vorgenommen, meisten durch Großunternehmen aus der Automobil-, Medizin- und Elektrotechnik und entsprechenden Unternehmenssitzen [1]. Ebenfalls schützen Marken- und Geschmacksmusteranmeldungen unternehmerisches Know-how vor dem Abwandern [2].

Der Wert eines Unternehmens aus dem Bereich Dienstleistung bemisst sich vielfach und natürlich auch am Kundenbestand und den Besonderheiten, Kunden zu gewinnen und zu bedienen. Dazu gehört u. a. das Know-how zu Pricing und Einkauf. Solche Inhalte sind schwer in Registern zu schützen. Darüber hinaus sind Karenzvereinbarungen, also der Schutz vor nachvertraglichem Wettbewerb, zeitlich auf maximal 2 Jahre begrenzt. Bei Start-ups, also der Entwicklung völlig neuer Ideen im Bereich Digitalisierung und dort wiederum in FinTech, GovTech oder BioTech, versucht man, Beschäftigte durch Vergabe virtueller Anteile an die Firma zu binden und das Know-how in der Gesellschaft zu belassen. Echte Führungskräfte erhalten zuweilen außerdem echte Anteile an der Gesellschaft, die sie jeweils wieder verlieren, wenn sie das Unternehmen verlassen. Hierbei unterscheidet man zwischen „Good Leavern" und „Bad Leavern". Letztere verlieren alle Anteile am Unternehmen, wenn sie aus wichtigem Grund gekündigt werden. Sollte eine Führungskraft aus freien Stücken gehen oder normal entbunden werden, so kommt es in der Regel auf die Anzahl der Jahre im Unternehmen an, um nur teilweise Anteile abgeben zu müssen (Vesting und Cliff). Bleibt eine Führungskraft beispielsweise 3 von vereinbarten 6 Jahren des Vestings, so behält sie ab einem Cliff von 3 Jahren 25 % oder 50 % ihrer echten oder virtuellen (VSOP/ESOP) Anteile. So hat das Start-up Zeit, sich im Markt mit der jeweils entwickelten Technologie zu etablieren, bevor die Führungskräfte, die wiederum mit hohen Verkaufspreisen des Start-ups oder Werterhöhungen im Laufe der Unternehmensentwicklung zum Bleiben motiviert werden, das Unternehmen verlassen.

Daraus folgt, dass es letztlich nur zwei Möglichkeiten gibt, Know-how im Unternehmen zu halten. Entweder es bildet sich eine neue Berufsgruppe, die den Mitarbeitenden ständig auf die Finger (also in Rechner und Systeme) schaut, oder die Kollegen tauschen sich weiterhin ständig an einem Ort aus, um als Unternehmen im Bilde zu sein, was intern und extern tatsächlich geschieht. Damit bleibt ein Grundbedarf der Unternehmen an einen physischen Ort, an dem sich die Mitarbeiter sehen. Dort wird kontrolliert, welches schützenswertes und verwertbares Know-how im Unternehmen verbleiben muss. Die realistischste Aufnahme bzw. der Transfer von Wissen ist folglich ein solcher, der in Abteilungen zwischen Kollegen stattfindet und sozusagen geteilt wird. Das ist eines der wesentlichen Merkmale, weshalb die Idee eines reinen Online-Büros derzeit nicht realistisch denkbar ist, wenn das Wissen im Unternehmen gehalten und strategisch laufend eingesetzt und optimiert werden soll. Die Eckpunkte der Inhalte bedürfen einer laufenden Kommunikation im und mit dem Unternehmen selbst.

Literatur

1. DPMA (2021) Aktuelle Statistiken: Patente. https://www.dpma.de/dpma/veroeffentlichu ngen/statistiken/patente/index.html, abgerufen am 28.02.2022
2. DPMA (2021) Aktuelle Statistiken: Marken. https://www.dpma.de/dpma/veroeffentlichu ngen/statistiken/marken/index.html, abgerufen am 28.02.2022

Auswirkungen auf die Veränderung

Die Folgen vorherzusagen, die die Corona-Pandemie hinsichtlich der Nutzung von Büroarbeitsplätzen ausgelöst haben, ist schwer zu umfassen. Wirtschaftlich gesehen trifft das Umdenken der Flächennutzung zunächst die Immobilienwirtschaft. Immobilieneigentümer müssen sich überlegen, ob überhaupt weiterhin Flächen im heutigen Ausmaß benötigt, ob solche Flächen nur in zentralen Lagen gebraucht werden und welche Alternativnutzungen für Bürogebäude denkbar sind. Derzeit merkt man jedoch keinen Abschwung an Transaktionen oder Miethöhen. Durch den Gelddruck der Zentralbanken ist noch viel Anlage-Kapital im Markt, Unternehmen sind liquide und Neugründungen werden abenteuerlich finanziert. Dennoch werden Immobilien in Vorstadt-Gebieten für große Unternehmen ebenso wenig nutzbar sein, wie typische Kleinteilbürogebäude für Behörden. Der Platzbedarf für Verwaltungen selbst wird abnehmen. Eher werden Rechenzentren benötigt, die der Logistik-Immobilie zuzuordnen sind und keine zentrale Lage brauchen. Dann trifft es die Dienstleister wie Makler und Finanzierer. Immobilienmakler gibt es inzwischen mehr als 70.000 deutschlandweit [1]. Große Gewerbeimmobilien werden in der Zukunft nicht online vermarktet im Gegensatz zu Privatimmobilien. Damit bleibt immer Transaktionsvolumen. Mit der Veränderung des Büroimmobilienmarktes wird es notwendig sein, die Anleger über neue Risiken aufzuklären.

Überdies ist die Veränderung der Büronutzung kein allein deutsches Thema, sondern ein globales. Das Potential, hier enorme Geldmengen in Billionenhöhe [2] durch Wertverluste zu vernichten, ist also real für die kommenden 3 bis 10 Jahre, je nachdem, wann die jeweiligen Mietverträge auslaufen und wie fortschrittlich und schnell die Gewerbemieter ihre eigenen Strukturen umstellen. Man stelle sich vor, dass die Hälfte des Anlegervermögens durch Wertverluste vernichtet würde. Davon profitieren wiederum andere Segmente. Wenn also eine Lebensversicherung oder eine Pensionskasse durch die monatlichen Geldzuflüsse

Q. Graf Adelmann v. A. und S. König, *Das neue Büro nach Covid-19*, essentials, https://doi.org/10.1007/978-3-658-37787-8_8

plötzlich in andere Segmente investieren muss, um Risiken zu minimieren, kann es sein, dass beispielsweise mehr Geld in Kryptowährungen fließt, an denen sich die Fonds seit dem 01. Juli 2021 beteiligen dürfen [3].

Weitere Auswirkungen werden die Büroschrankhersteller oder Bekleidungsfirmen merken, vergleichbar mit der Zeit, als Faxgeräte oder Videotheken aufgrund technischer Neuentwicklungen obsolet wurden. Der Büroherstellermarkt setzt in Deutschland 2022 etwa 3,8 Mrd. EUR um und Statista schätzt sogar ein Wachstum auf 4,38 Mrd. EUR bis 2026 [4]. Es kann natürlich sein, dass die aktuellen Baustoffpreisexplosionen für Holz in der Summe dazu führen, dass mehr Geld umgesetzt wird. Tatsächlich werden Büromöbel in Zukunft weniger gebraucht werden. Aktenschränke sind obsolet, Schreibtische werden von mehreren Personen genutzt und die Abnutzung von Stühlen durch Dauernutzung wird keine derartige Umsatzsteigerung ausmachen. Diesseits wird also stark angezweifelt, ob der Büromöbelmarkt überhaupt Zukunft hinsichtlich des Wachstums hat. Gut sehen kann man dies bereits heute im Gebrauchtmarkt.

Praxisbeispiel

Ein Start-up Büro des Autors in Kreuzberg beherbergte mehrere Neugründungen. In diesem Zusammenhang mietete die Muttergesellschaft 2019 ein 350 Quadratmeter großes Büro für 3 Jahre an und stattete es aus. Ende 2021 zogen schließlich die letzten beiden Start-ups in eigene Büros. Die Möbel passten überwiegend nicht mehr zu den neuen Räumen, weswegen die Mitarbeiter die Einrichtung über Ebay versteigerten. Die Möbel waren alle in sehr gutem Zustand – immerhin wurden sie zwischen März 2020 und Dezember 2021 selten genutzt. Dennoch erzielten z. B. Stühle mit 400 EUR Neuwert nur 10 EUR.◄

Das vorstehende Beispiel zeigt, dass sich der Büromöbelmarkt verändern wird. Ähnliches kann man für Dienstbekleidung von Frauen und Herren annehmen. Wenn diese nicht mehr so häufig ins Büro müssen, werden sie weniger unterschiedliche Kleidung oder Schuhe kaufen. Allein die Herrenbekleidungswirtschaft hat ihren Umsatz zwischen 2013 und 2021 auf 266 Mio. EUR jährlich linear halbiert [5]. Die Auswirkungen werden sich aber viel tiefer in die Arbeitswelt ausweiten, wenn Angestellte plötzlich international beschäftigt werden oder Software bisher notwendige Arbeiten schlichtweg ersetzt. Eine genaue Vorhersage, welche Konzepte der Zukunft bleiben, lässt sich schwer treffen. Sicher ist, dass die Umstellungen deutlich schneller geschehen werden als in den letzten Jahrzehnten.

Literatur

3. Hüttig & Rompf (2019) Statistisches Bundesamt: Zahl der Makler steigt. https://www.
   huettig-rompf.de/baufinanzierung/blog/statistisches-bundesamt-zahl-der-makler-steigt/,
   abgerufen am 25.02.2022
1. Deutsche Bundesbank (2022) Investmentfondsstatistik. https://www.bundesbank.de/res
   ource/blob/804052/1b83c065294b80b2e01eae1dcb0138df/mL/0-investmentsfondsstati
   stik-data.pdf, abgerufen am 25.02.2022
4. Müller M, Rezmer A (2021) Wie Fondsprofis mit Kryptowährungen experimentie-
   ren. https://www.handelsblatt.com/finanzen/maerkte/devisen-rohstoffe/bitcoin-und-co-
   wie-fondsprofis-mit-kryptowaehrungen-experimentieren/27805202.html, abgerufen am
   24.02.2022
5. Statista Research Department (2021) Büromöbel. https://de.statista.com/outlook/cmo/
   moebel/bueromoebel/deutschland, abgerufen am 28.02.2022
2. Hohmann M (2021) Umsatz mit Anzügen aus dem Bereich Herrenbekleidung in Deutschland bis 2021. https://de.statista.com/statistik/daten/studie/672298/umfrage/umsatz-mit-
   anzuegen-im-bereich-herrenoberbekleidung-in-deutschland/, abgerufen am 25.02.2022

Die Zukunft des Arbeitsplatzes

9

Arbeit und Privatleben werden zunehmend verschmelzen, der Kampf um die besten Kräfte wird sich intensivieren. Beides hat Auswirkungen auf die Gestaltung des Arbeitsplatzes. Vereinbarkeit kann man generell als den Schlüsselbegriff bezeichnen, wenn es um die Zukunft unserer Arbeit geht. Allerdings muss nicht mehr der Mensch vereinbar mit den Wünschen und Zielen seines Arbeitgebers sein, sondern der Job muss vereinbar sein mit der Sehnsucht nach Selbstbestimmung, maximaler Freiheit, Kreativität und ausreichender Freizeit [1]. Gleichwohl muss das Homeoffice der Zukunft freiwillig bleiben, denn das Büro als Ort der Begegnung ist elementar für das soziale Miteinander und für betriebliche Innovationen. Büroflächen zu verkleinern, um möglichst wenige Angestellte im Office zu haben, ist zu kurz gedacht. Der Arbeitsplatz der Zukunft wird mehr denn je vom Wandel geprägt.

Fazit
Die Pandemie wirkt wie ein Katalysator auf die längst überfällige Transformation und Digitalisierung der Arbeitswelt. Home Office und mobiles Arbeiten haben an Relevanz gewonnen, auch weil die Umstellung in den vergangenen zwei Jahren funktioniert hat. Dennoch wird die Arbeitswelt von morgen nicht ohne einen Ort des Austausches und des Zusammenwirkens auskommen. Noch tun sich viele Unternehmen schwer, einen Mittelweg zwischen der alten Bürowelt und der maximalen Flexibilität zu finden. Betriebswirtschaftlich mag es vernünftig sein, die Büroflächen zu reduzieren und das Homeoffice auch unter dem Aspekt der Kostenreduktion voranzutreiben. Bei allen neuen digitalen Kommunikationsmitteln darf der persönliche Austausch der Menschen indes nicht zu kurz kommen. Viele Ideen entstehen aus zufälligen Begegnungen an der Kaffeemaschine oder bei Glas Wein am Abend in der Lounge. Diese Möglichkeiten, als Orte des Wohlfühlens und des Austausches, muss das Büro der Zukunft bieten. Der Arbeitnehmer muss den Mehrwert des Arbeitens

Q. Graf Adelmann v. A. und S. König, *Das neue Büro nach Covid-19,* essentials, https://doi.org/10.1007/978-3-658-37787-8_9

im Büro klar vor Augen haben, eine verordnete Minimalpräsenz ist kontraproduktiv. Das steigert auch die Attraktivität des Arbeitgebers und hilft bei den wachsenden Herausforderungen des Recruitings. Der moderne Arbeitgeber ist für seinen Mitarbeiter ein zuverlässiger Begleiter und Berater in allen Lebenslagen. Diese Offenheit muss sich auch im Office widerspiegeln. Kita, Ärzte, Supermarkt, Friseur sind idealerweise alle im nahen Umfeld erreichbar. Basis bietet immer das Büro, indem Arbeit und Privates unbewusst verschmelzen, weil man sich gerne in diesem Umfeld aufhält. Die Arbeitswelt befindet sich im Always-Beta-Modus. Trends kommen und gehen in nie dagewesener Geschwindigkeit. Im Büro der Zukunft halten sich neben den Angestellten auch die Kunden gerne auf. Das Büro als Mittel zum Zweck der bloßen Arbeitserfüllung hat ausgedient.

Literatur

1. Lixenfeld C (2020) Wie wir im Jahr 2030 arbeiten. https://www.cio.de/a/wie-wir-im-jahr-2030-arbeiten,3103921, abgerufen am 25.02.2022

Was Sie aus diesem *essential* mitnehmen können

- die Berechnung des wirtschaftlichen Werts eines Büroraums
- was sich in den letzten zwei Jahren durch Covid-19 verändert hat
- welche alternative Arbeitsorte zur Raumnutzung bestehen
- der Zuschnitt von Raum auf die (An-)Forderungen der Nutzer
- wie Büroraum in der Zukunft aussehen wird

Printed in the United States
by Baker & Taylor Publisher Services